Ulrich Frey

Von solitaire zu solidaire

Ulrich Frey

Von solitaire zu solidaire

Albert Camus' Entwurf einer Ethik

Tectum Verlag

Ulrich Frey

Von solitaire zu solidaire.
Albert Camus' Entwurf einer Ethik

ISBN: 978-3-8288-9867-7

Besuchen Sie uns im Internet
www.tectum-verlag.de

Bibliografische Informationen der Deutschen Nationalbibliothek
Die Deutsche Nationalbibliothek verzeichnet diese Publikation in der Deutschen Nationalbibliografie; detaillierte bibliografische Angaben sind im Internet über http://dnb.ddb.de abrufbar.

Für Elinor und Felix

Inhaltsverzeichnis

A Das Problem der Moralbegründung im Nihilismus

Bei Camus finden sich zwei einzigartige Gedanken, aus denen heraus sich sein ganzes Werk entfaltet. Hatten Philosophen wie z. B. Stirner und Cioran ausschließlich negative Schlüsse aus der Absurdität der Welt gezogen, bzw. bekräftigten sie mit ihrer Philosophie die Nichtigkeit aller Moral oder die Sinnlosigkeit der menschlichen Existenz, so sieht Camus eine weitere Möglichkeit: die Auflehnung gegen das absurdes Schicksal und die Verzweiflung. Es ist Camus, der als erster konsequent versucht, aus dem Sachverhalt des Absurden *positive* Folgerungen zu ziehen, und sich damit aus dessen inhärenten Nihilismus zu befreien.

Aus dieser Auflehnung wuchs ein unbestechlicher Einsatz für menschliche Werte, für die er sowohl als junger Redakteur in Algerien als auch in der Résistance kämpfte, weit davon entfernt, in die Passivität der Verzweiflung zu verfallen. Sein lebenslanges Engagement für Gerechtigkeit und Freiheit ließ ihn - vor allem nach dem Krieg - zu einem 'moralischen Vorbild' seiner Zeit werden.[1] Das überrascht zunächst, hatte er doch noch im *Mythos von Sisyphos* geschrieben, dass im Anblick des Absurden alle Handlungen gleichwertig wären.[2]

Das jedoch ist sein zweites herausragendes Unternehmen: der radikale Versuch, in der 'Arena' des Nihilismus eine Moral zu entwerfen, der die Auflehnung zugrunde liegt. Das erscheint zunächst unmöglich, denn

---

1 vgl. Germaine Brée, *Albert Camus: Gestalt und Werk*. Reinbek bei Hamburg: Rowohlt Verlag, 1960, S. 58

2 vgl. Albert Camus, *Der Mythos von Sisyphos. Ein Versuch über das Absurde.* Reinbek bei Hamburg: Rowohlt Verlag, 1959. Neuausgabe 1997, S. 73 [im Folgenden mit MvS abgekürzt]

> „Camus befindet sich mit seinem Versuch der Moralbegründung im Nihilismus begründungstheoretisch in einer schier ausweglosen Situation, […]"[3]

Diesem zweiten Ansatz möchte diese Arbeit nachgehen. Eine zu überprüfende Prämisse ist die Frage, ob Camus' Werke in sich zusammenhängend aufeinander aufbauen, d. h. ob die in der ersten und zweiten Phase seines Schaffens entstandenen Arbeiten das Fundament für eine Ethik darstellen können. Deswegen gehen Teil B auf die Absurdität, und Teil C auf die Revolte ausführlich ein. Bei der Besprechung der Absurdität liegt die Betonung auf dem Grundlagencharakter der Absurdität für das Camus'sche Denken, sowie der Feststellung, dass zu diesem Zeitpunkt von einer Moral noch nicht gesprochen wird.

Teil C teilt sich in die Moralkritik der Revolte und den logisch daraus folgenden Entwurf einer neuen Moral.

Der Versuch einer systematischeren allgemeineren Einordnung der Ethik außerhalb der Revolte wird in Teil D unternommen. In diesem Hinblick befindet sich die Arbeit auf neuem Terrain, weil dies meines Wissens nach noch nicht versucht worden ist; so ist die Sekundärliteratur auf diesem Gebiet bemerkenswert zurückhaltend[4], und bleibt beinahe immer bei der Zweiteilung Absurdität-Revolte stehen[5], ohne die – wie von Camus oft betont – wichtigen Konsequenzen zu untersuchen.

---

3 Josef Pechtl, *Kraft und Güte: Albert Camus' Spannungsdenken als seine Antwort auf die Herausforderungen des Nihilismus.* Münster: LIT, 1998, S. 175

4 Ansätze zeigen sich aber z. B. bei Joseph Pechtl, *Kraft und Güte* und bei Elisabeth Mairhofer, *Das Absurde und die Würde des Menschen: Albert Camus' Denken im rechtsphilosophischen Zusammenhang*. Innsbruck: Institut für Sprachwissenschaft (Innsbrucker Beiträge zur Kulturwissenschaft), 1999

5 z. B. Philip Thody, *Albert Camus.* Frankfurt am Main, Bonn: Athenäum Verlag, 1964; Matthias Rath, *Albert Camus: Absurdität und Revolte: Eine Einführung in sein Werk und die deutsche Rezeption*. Frankfurt am Main: Haag + Herchen Verlag, 1984; Gerhard Stuby, *Recht und Solidarität im Denken von Albert Camus*. Frankfurt am Main: Vittorio Klostermann, 1965

In Abgrenzung und Ergänzung zu Camus werden einige moralische Thesen von Emil Cioran und Richard Rorty skizziert. Die Auswahl hängt eng mit Camus' Bestreben der 'Moralbegründung im Nihilismus' zusammen. Beide zeigen starke Ähnlichkeiten in zentralen Konzepten mit Camus, gehen aber gerade an der zu untersuchenden Stelle, der 'schier ausweglosen Situation' verschiedene Wege. Und zwar folgen die drei Philosophen genau den drei *überhaupt möglichen* logischen Antworten auf dieses Problem. Die erste ist der gänzliche Verzicht auf eine Moral, wie sie der Nihilist Cioran vollzieht. Die zweite Antwort gibt Camus, indem er aus der Absurdität Werte (Solidarität und Menschenwürde) konstruiert. Und die dritte, die zeitlich etwas versetzt von Rorty gegeben wird, zeichnet sich zwar durch eine Bejahung der Werte (Solidarität, Verzicht auf Grausamkeit) aus, aber mit dem gleichzeitigen Verzicht auf deren Begründung. Ciorans 'Moral' zeigt sich als das zu Überwindende, und die Rortys als eine mögliche 'Weiterentwicklung' von Camus' Position. In diesem Sinn werden bei gemeinsamen Konzepten (wie z. B. Absurdität, Solidarität, Gewalt) kurz deren philosophische Position skizziert, dies geschieht aber lediglich als Abschattierung zu Camus, weswegen es auch nicht durchgängig erfolgt.

Diese Arbeit möchte den Anspruch Camus' einer logischen und folgerichtig aufgebauten Ethik aus der Anerkennung einer nihilistischen Grundstimmung heraus prüfen. Kann er sich von der zerstörerischen Logik des Nihilismus absetzen? Weiter: Gelingt es ihm, Werte zu fundieren, und ist sein Weg dorthin in sich stimmig, oder in Camus' Worten: Gibt es einen begehbaren Weg von 'solitaire' zu 'solidaire'?

B Der Ausgangspunkt in der Absurdität

1 Die Auseinandersetzung mit dem Nihilismus

Absurdität, wie sie Camus auffasst, hat ihre Wurzeln im Nihilismus. Nur in einer Welt, in der nichts mehr Wert besitzt, weil Gott als Sinnstifter nicht mehr existiert, ist es möglich und gleichzeitig notwendig, nach Sinn zu fragen. Es erscheint Camus unmöglich, den Nihilismus zu übergehen, denn:

> „Wenn die Epoche an Nihilismus leidet, finden wir die Moral, die wir brauchen, nicht, indem wir den Nihilismus unter den Tisch wischen."[6]

Auch ein Zurück ist für ihn nicht mehr möglich[7], und so ist es unumgänglich, sich genau mit den nihilistischen Lehren auseinander zu setzen, um aus ihnen heraus eine neue Moral aufzubauen; denn nur die pessimistischen und zerstörerischen Konsequenzen werden abgelehnt, nicht aber der Leitgedanke selbst.

Der Begriff des Nihilismus wird jedoch in der Literatur sehr vieldeutig verwendet, und als Kennzeichnung unterschiedlichster Strömungen gebraucht, wie z. B. philosophischer Egoismus, Solipsismus, Pessimismus u. a.[8]

---

6 Albert Camus, *Pessimismus und Mut* in: *Fragen der Zeit*. Reinbek bei Hamburg: Rowohlt Verlag, 1969. Neuausgabe 1997, S. 57

7 vgl. Albert Camus, *Tagebücher 1935 – 1951*. Reinbek bei Hamburg: Rowohlt Verlag, 1972. Neuausgabe 1997, S. 213 [im Folgenden mit *TB 1* abgekürzt] „Es stimmt, dass wir an Nihilismus leiden. Aber das wirklich Bewundernswerte sind die Predigten über alle Arten von <zurück>. Zurück zum Mittelalter, zum einfachen Denken, zur Scholle, zur Religion, zum Arsenal der alten Lösungen. [...] Das ist nicht möglich."

8 Joachim Ritter, *Historisches Wörterbuch der Philosophie*. Basel, Stuttgart: Schwaben und Co. Verlag, 1971, S. 846, Band 6

Nihilismus kann sich auf einzelne philosophische Bereiche beschränken[9], wobei es diverse Ausprägungen gibt[10], oder als allumfassend gedacht werden.

Als literarische Vertreter des Nihilismus im 19 Jahrhundert, mit denen Camus sich auseinandergesetzt hat, müssen Turgenjew mit dem Roman *Väter und Söhne* und Dostojewskij mit den *Dämonen* (die Camus für das Theater unter dem Titel *Les Possédés* bearbeitet hat) und *Die Brüder Karamasov* genannt werden.

Vor allem setzt sich Camus aber mit Friedrich Nietzsche auseinander, wenn es ihm um nihilistische Strukturen geht. Er nennt ihn einen Chirurgen und Kliniker des Nihilismus, jemanden, der sich, wie er selbst, mit dieser Weltanschauung Zeit seines Lebens beschäftigte, um sie zu überwinden.[11]

Nietzsche sieht sich selbst

> „als der erste vollkommene Nihilist Europas, der aber den Nihilismus selbst schon in sich zu Ende gelebt hat, – der ihn hinter sich, unter sich, außer sich hat [...]"[12],

und assoziiert mit Nihilismus décadence, Müdigkeit und Lebensüberdruss.[13] Er spricht von ihm als „[...] großen Ekel, vom Willen

---

9 Der ethische Nihilismus verneint Werte und Normen; der erkenntnistheoretische Nihilismus leugnet die Erkenntnismöglichkeit; allgemein liegt die Betonung auf der Verneinung, dem Nichts, und der Sinnlosigkeit des Lebens.

10 z. B. gewalttätiger, passivischer, aktiver, extremer, ekstatisch-klassischer oder auch politischer Nihilismus; vgl. dazu Albert Kopf, *Der Weg des Nihilismus von Friedrich Nietzsche bis zur Atombombe*. München: Minerva-Publikationen, 1988

11 vgl. Albert Camus, *Der Mensch in der Revolte*. Reinbek bei Hamburg: Rowohlt Verlag, 1969, S. 55/56 [im Folgenden MR abgekürzt]; seine Hochachtung vor ihm zieht sich durch seine Tagebücher und Werk, er trug z. B. auch Nietzsches *Fröhliche Wissenschaft* in der Tasche bei sich, als er tödlich verunglückte.

12 Friedrich Nietzsche, *Nachgelassene Fragmente November 1887- März 1888*, S. 432 in: Friedrich Nietzsche, *Kritische Gesamtausgabe*. (Hrsg. von Giorgio Colli und Mazzino Montinari). Berlin: Walter de Gruyter, 1970

13 Nietzsche, *Genealogie der Moral*, S. 264 in: *Kritische Gesamtausgabe*

zum Nichts, vom Nihilismus, [...]"[14] und macht den extremsten Nihilismus als denjenigen fest, der das Vorhandensein jeglicher Wahrheit leugnet, dem ein Ziel und die Antwort auf das Warum fehlt, und die Entwertung der obersten Werte.[15]

Nihilismus ist damit vor allem der Ausdruck einer Negation:

> „Der Ausdruck 'Nichts' bedeutet daher: das schlechterdings Abwesende, die vollständige Abwesenheit des Sinnes vom Sein. Der Nihilismus, der 'unheimlichste aller Gäste', so hatte Nietzsche gesagt, steht vor der Tür."[16]

Nietzsche stellt mit dem berühmten Satz „Gott ist tot" fest, dass allein der Mensch für seine Welt und Werte verantwortlich ist, und fordert eine 'Umwertung aller Werte', da die althergebrachten Moralvorstellungen nicht mehr tauglich sind. Nietzsche selbst sieht sich als der Prophet des Nihilismus, den er drohend über Europa heraufsteigen sah, was sich, wenn man Camus' Interpretation Glauben schenken will, in Form von zwei Weltkriegen auch bewahrheitet hat. Camus spricht von der „geschichtlichen Verantwortung des westlichen Nihilismus"[17] im Zusammenhang mit den Nürnberger Prozessen.

So lässt es sich auch verstehen, dass die Philosophie des Résistance-Kämpfers Camus bestrebt ist, dieser geistigen Wurzel der furchtbaren Apokalypse, deren Zeuge er geworden ist, einen positiven kämpferischen Alternativentwurf entgegenstellen zu können.

---

14 Nietzsche, *Genealogie der Moral*, S. 352 (2. Abhandlung, Aphorismus 24); vgl. auch S. 386 (3. Abhandlung, Aphorismus 14) in: *Kritische Gesamtausgabe*

15 Nietzsche, *Nachgelassene Fragmente November 1887-März 1888*, S. 14/15 (Fragment 9 [35]) in: *Kritische Gesamtausgabe*

16 Georg Grimm, *Geschichte der Philosophie in Text und Darstellung: 19. Jahrhundert*. Hamburg: Reclam Verlag, S. 395. Als beängstigend genauer Prophet hat sich Nietzsche erwiesen: „Was ich erzähle, ist die Geschichte der nächsten zwei Jahrhunderte. Ich beschreibe was kommt, was nicht mehr anders kommen kann: die Heraufkunft des Nihilismus."

17 *MR*, S. 148

Zwei für das Denken Camus' fundamentale Dinge lassen sich daraus ableiten: Erstens scheint es ihm nicht mehr möglich, den Nihilismus im Ganzen zu leugnen, denn wenn dieser tatsächlich der geistige Ursprung des Hitlerregimes war, dann hat die Geschichte gezeigt, dass diese Bewegung sehr reale Folgen gezeitigt hat. Es kann sich also nur darum handeln, *innerhalb* dieses Klimas, dieser Denkkultur des 20. Jahrhundert zu philosophieren, also den Nihilismus als Ausgangspunkt zu nehmen. Zweitens muss er zeigen, dass die Folgerungen, die in der ersten Hälfte des Jahrhundert daraus gezogen worden waren, nicht notwendigerweise die einzigen oder richtigen waren, sondern dass auch positive, moralisch fundierte Ergebnisse die bisherigen menschenverachtenden ersetzen können.

Um möglichst genau die Philosophie Albert Camus' herauszuarbeiten, die sich sehr wohl als ein Aufbäumen gegen den Nihilismus und dessen Folgen deuten lässt, ist es sinnvoll, sie anhand einer nihilistischen Argumentation eines Zeitgenossen zu überprüfen und zu kontrastieren. Dazu eignet sich der seit 1937 in Paris lebende Mitarbeiter der *Temps Modernes* E. M. Cioran hervorragend, der überdies einer der bedeutendsten Essayisten der Nachkriegszeit ist; nicht nur, weil er sich zeitgleich mit Camus im selben intellektuellen Milieu in Paris befand, sondern auch wegen der bemerkenswerten Ähnlichkeit seiner Darlegungen zur Absurdität mit denjenigen von Camus. Für Cioran besteht das Leben in einem „fortwährendem Anhäufen nichtiger Geheimnisse"[18], für ihn gilt als „...allerhöchste Gewissheit: das Leben hat keinen Sinn, es *kann* keinen Sinn haben."[19] Die menschliche Existenz ist ferner durch den allgegenwärtigen Tod[20], der nur eine Facette des Zerfalls als allgemeingültiges Gesetz widerspiegelt[21] und der Bedeutungslosigkeit menschlicher Hand-

18 Emile M. Cioran, *Lehre vom Zerfall*. Stuttgart: Klett-Cotta, 1987, S. 16 [im Folgenden mit *LvZ* abgekürzt]

19 *LvZ*, S. 133

20 vgl. *LvZ*, S. 151

21 vgl. *LvZ*, S. 53 „Der Zerfall waltet allen Gesetzen des Lebens vor.", vgl. auch ebd. 94/95

lungen angesichts eines riesigen und teilnahmslosen Alls zu einem völlig belanglosen und wertlosen Dasein verurteilt. Es gibt keinen Zweck des Daseins, und übrig bleibt das *Nichts*, der Schlüsselbegriff des Nihilismus. Das führt beide Autoren hin zur Absurdität der menschlichen Existenz, die im Folgenden genauer charakterisiert wird.

2 Die Absurdität

2.1 Entstehung und herkömmliche Definition

Aufgrund der zentralen Bedeutung des Begriffes Absurdität in Camus' Werk ist es notwendig, die Entstehung und die Bedeutung des Begriffes der Absurdität klar zu verstehen.

Als erster benutzt Cicero in den *Tusculanae disputationes* das Adjektiv *absurdus,* was den Missklang eines Tones beim Musizieren beschreibt. Lateinische Synonyme sind z. B. 'absonus', was mit misstönend, nicht übereinstimmend übersetzt werden kann, oder 'abhorrens' bzw. 'alienus'.[22] Es deutet also auf ein Missverhältnis, etwas Dis-harmonisches hin. Dass dieses Wort eine so enorme Bedeutungserweiterung von der Musik auf das Missverhältnis allgemein erfahren hat, liegt vielleicht nicht zuletzt an der pythagoräischen Auffassung[23], die Cicero wohl bekannt war.[24] In die europäischen Sprachen fand das Wort 'absurdus' Eingang im 16. Jahrhundert durch den Mathematiker Stifel mit etwa derselben Bedeutung.[25]

---

22 Oliver Dier, *Die Lehre des Absurden: Eine Untersuchung der Philosophie Nietzsches am Leitfaden des Absurden*. Würzburg: Königshausen und Neumann, 1998, S. 19

23 Pythagoras entwickelt eine mathematisch geprägte Musiktheorie, die von der Harmonie der Zahlen auf den Wohlklang in der Musik schließt. Musik kann nur wohltönend sein, wenn die Akkorde auf ganzen Zahlen basieren.

24 Ein mögliche Verbindung läuft über Platon, der die drei Haupttugenden mit dem dreitonigen Hauptakkord der Oktave vergleicht, zur neuen Akademie, wo Cicero Schüler von Philo von Larissa wird.

25 vgl. Dier, S. 17

Das Wort absurd drückt also zuerst einen Missklang, eine Disharmonie bzw. sogar ein Missverhältnis aus. In der Logik ist die *reductio ad absurdum* bekannt, die eine Argumentationslinie bis zu inhärenten Widersprüchen verfolgt, um diese in paradoxer Form einander gegenüber zu stellen. Absurd heißt dort, was nicht vereinbar ist. In der Formel *credo quia absurdum est*, die Tertullian zugesprochen wird[26], hat *absurdus* die Bedeutung widersinnig. Vor allem bei Kierkegaard kehrt sie wieder, um das Nicht-Fassbare, Paradoxe von Christus' Menschwerdung zu beschreiben. Die Konnotation der Sinnlosigkeit tritt erst in der Mitte des 20. Jahrhunderts hinzu. Dabei zeigen sich aber erste wichtige Unterschiede in der Interpretation. Zeitgenossen von Camus vertreten nicht unbedingt die gleiche Auffassung von Absurdität. Als Beispiele möchte ich Sartre und Cioran heranziehen, beides Schriftsteller, Philosophen und Journalisten bei *Les Temps Modernes*, (Sartre als Herausgeber, Cioran als Mitarbeiter).

2.1.1 Sartre

Bei Sartre gründet sich die Absurdität in der paradoxen Situation einer *gesetzten* Freiheit, denn die Freiheit stimmt mit der getroffenen Wahl vollkommen überein:

> „Aber da diese Freiheit weder ein Gegebenes noch eine Eigenschaft ist, kann sie nur sein, indem sie sich wählt. [...] Und die Freiheit ist einfach die Tatsache, dass diese Wahl immer unbedingt ist. Eine solche Wahl ohne Stützpunkt, die sich ihre Motive selbst diktiert kann *absurd* erscheinen und ist es tatsächlich."[27]

Die Absurdität kommt hier also vor allem durch die Willkürlichkeit zustande. Der 'Zwang', in jedem Moment frei wählen zu müssen[28], macht uns Angst, da wir uns selbst durch unsere Entscheidungen

---

26 vgl. Ritter, *Historisches Wörterbuch der Philosophie*, Band 1, S. 67

27 Jean-Paul Sartre, *Das Sein und das Nichts: Versuch einer phänomenologischen Ontologie*. Reinbek bei Hamburg: Rowohlt Verlag, S. 829

28 vgl. Sartre, *Das Sein und das Nichts*, S. 764 „...ich bin verurteilt, frei zu sein."

entwerfen und gleichzeitig unzählige andere Entwürfe *nichten*. Die Absurdität wird offensichtlich:

> „So untergräbt meine Freiheit meine Freiheit. Da ich ja frei bin, entwerfe ich mein totales Mögliches, setze aber dadurch, dass ich frei bin und dass ich diesen primären Entwurf jederzeit nichten und vergangen machen kann."[29]

Man muss sich also bewusst sein, dass die festesten Überzeugungen, die man sein Leben lang von sich gehabt hat (z.B. feige oder rechtschaffen zu sein), von einem Moment zum nächsten völlig umgestoßen werden können. Diese Kontingenz des eigenen Lebensentwurfes ist im höchsten Maße *absurd*.

Aber Sartre sieht noch eine andere, tief greifende Absurdität:

> „Durch dieses Sein, das ihr [der menschlichen Realität] gegeben ist, hat sie an der universalen Kontingenz des Seins teil und dadurch an dem, was wir Absurdität nannten. Diese Wahl ist absurd, nicht weil sie ohne Grund ist, sondern weil es keine Möglichkeit gegeben hat, nicht zu wählen."[30]

In anderen Worten, dass man geboren wird, konnte man nicht wählen, und so hat das Leben, das in jeder Hinsicht als frei zu betrachten ist, mit einem Akt der Unfreiheit begonnen. Absurdität ist die Unmöglichkeit, zu erklären, warum der Mensch seinen Grundentwurf wählen muss. Oder noch anders aufgefasst, wenn wir vor unserem Sein wählen könnten, ob wir frei oder unfrei sein wollten, so müssten wir, wenn es denn eine echte Wahl sein sollte, uns gezwungenermaßen für die Freiheit entscheiden. Eine Entscheidung für die Unfreiheit verbietet sich aus logischen Gründen, denn sonst stünde es von vorne herein nicht offen, sich dafür zu entschließen. Absurd ist auch, wie der erste Teil des Zitats andeutet, dass der menschlichen, absolut freien Existenz, ein unerklärliches und unkontrollierbares An-Sich gegenüber tritt, die kontingente Faktizität.

---

29 Sartre, *Das Sein und das Nichts*, S. 831

30 Sartre, *Das Sein und das Nichts*, S. 829

> „Auch bei Sartre entsteht die Absurdität aus der Gegenüberstellung des Begründungsanspruches freier Subjektivität und der Nichtableitbarkeit des ihr begegnenden Seienden, das sich als 'gratuité parfaite', als 'de trop' erweist."[31]

Die Absurditätserfahrung, das 'de trop', manifestiert sich bei Sartre in Ekel und Langeweile, was in der berühmten Parkszene in *Der Ekel* so beschrieben wird:

> „Das Wort Absurdität gerät mir unter die Feder; [...] Ich dachte ohne Worte – über die Dinge, *mit* den Dingen. [...] Alles, was ich in der Folge habe begreifen können, führt auf diese grundlegende Absurdität zurück."[32]

2.1.2 Cioran

Auch wenn man bei Cioran vergeblich nach dem Wort Absurdität selbst Ausschau hält, ist sie doch omnipräsent, und der Konzeption Camus' verblüffend ähnlich. Cioran zufolge ist in jedem Menschen eine Sehnsucht nach geistigem Frieden und Ruhe und einer (metaphysischen) Heimat, die es so nicht gibt:

> „Der Heimaterde entrissen und in die Dauer verbannt sein, abgeschnitten sein von seinen Wurzeln im Unmittelbaren, heißt: die der ersten Trennung und dem ersten Riß voraufgegangene Ursprünglichkeit wiedererlangen wollen."[33]

Das ist fast wortwörtlich die Definition von Absurdität bei Camus, der sie als Kluft zwischen dem fragenden Menschen und der teilnahmslosen Welt beschreibt. Deshalb ist das alles beherrschende Gefühl die Verzweiflung, „[…] die klare, unendlich differenzierte, stolze und sichere Verzweiflung"[34], die sich als allgegenwärtiges Leiden manifestiert:

---

31 Ritter, *Historisches Wörterbuch der Philosophie*, Band 1, S. 67

32 Jean-Paul Sartre, *Der Ekel*. Reinbek bei Hamburg: Rowohlt Verlag, 1952, S. 156

33 *LvZ*, S. 43

34 *LvZ*, S. 39

> „Es gibt einen Weltschmerz, ein 'mal du siècle', der nur die Krankheit einer einzigen Generation ist; daneben aber gibt es einen Weltschmerz, der aus der gesamten geschichtlichen Erfahrung spricht und sich als einzige, für alles Künftige gültige Folgerung aufdrängt."[35]

Auch hier sind die Parallelen zu Camus erstaunlich. Aber sie lassen sich noch weiter verfolgen.

Als Schluss zieht Camus daraus, wie später in Teil C ausgeführt, die Auflehnung gegen das absurde Schicksal. Dabei verweist er auf die unbedingte Ehrlichkeit sich selbst gegenüber, um dem Absurden in einer dauernden Spannung[36] ins Auge blicken zu können, ohne in Selbsttäuschung abzugleiten (zu springen, wie er Denkern wie Kierkegaard vorwirft), und sie auszuhalten.

Bei Cioran finden sich zwei Stellen, die diesem Schritt exakt entsprechen:

> „Der vollkommen klarsichtige Mensch, der in idealer Weise *normale* Mensch also, dürfte außerhalb des *Nichts* in seinem Innern nirgends eine Zuflucht suchen."[37]

Und:

> „Adel gibt es allein in der Verneinung des Daseins, in einem Lächeln, das über ausgelöschten Landschaften lagert."[38]

Ihr gemeinsames Ziel ist es, eine Festung der Verachtung gepaart mit Gleichgültigkeit vor der absurden Welt gegen die Verzweiflung und das Leiden der Welt zu errichten.

---

35 *LvZ*, S. 146

36 vgl. dazu Ciorans Äußerung S. 113 unter der Überschrift *Tagesfluch*: „Es sich tausendmal am Tage wiederholen, dass nichts auf Erden einen Wert hat; immer wieder auf den gleichen Punkt zurückkkommen […]"

37 *LvZ*, S. 11, vgl. auch ebd, S. 15 „Die Lösungen, die unsere uralte Feigheit uns anzubieten hat, sind die schlimmste Fahnenflucht vor unserer Verpflichtung zu geistigem Anstand. Sich Täuschungen hingeben, leben und sterben als Genarrte – das ist es, was die Menschen tun.", sowie ebd, S. 55

38 *LvZ*, S. 12

Dann aber trennen sich ihre Wege. Während Camus als einzigen Ausweg aus einem sinnlosen Dasein die Auflehnung sieht, die dem Leben Größe und Sinn verleihen kann, lehnt dies Cioran entschieden ab. Mit einer sehr stichhaltigen Argumentation, die sich direkt gegen Camus zu richten scheint, fragt er:

> „Woraus den Stolz schöpfen, der die Gewalten herausfordert, die solches verfügt haben und die überdies nichts dafür können? Gegen wen soll man da kämpfen, wogegen soll man den Angriff richten, wo doch die Luft unserer Lungen, der Raum unserer Gedanken, das Schweigen und die Starrheit der Sterne durchsetzt sind mit Ungerechtigkeit? Unsere Empörung ist nicht minder stümperhaft als die Welt, die sie auslöst."[39]

Dieser Kampf ähnelt dem des Don Quixote, er ist durch eine fundamentale Ungleichheit und die *alles* untergrabende Sinnlosigkeit zum Scheitern verurteilt:

> „...unaufhörliches Sichempören zeugt von schlechtem Geschmack [...] Mit zwanzig Jahren tobt man gegen die Himmel und gegen den Misthaufen, den sie überwölben: dann wird man dessen müde. Die tragische Pose paßt nur zu einer in die Länge gezogenen, lächerlichen Pubertät;"[40]

Festzuhalten bleibt an dieser Stelle jedoch, dass der Ausgangspunkt der Sinnlosigkeit, den Camus als das Erbe des vorigen Jahrhunderts versteht, beiden Denkern gemeinsam ist. Dass sich spätestens bei der Frage nach einer Moral ihre Positionen unterscheiden werden, ist schon vorauszusehen; eine Abgrenzung Ciorans zu Camus zu skizzieren, wird jedoch Licht auf dessen Bemühungen um eine solche werfen.

2.1.3 *Absurdes Theater*

Das absurde Theater hat sich in der direkten Nachfolge von Camus gesehen, und es behält die Charakterisierung des Absurden von

---

[39] *LvZ*, S. 52

[40] *LvZ*, S. 132/133

Camus, aber auch Sartre bei, wie man beispielsweise in der folgenden Reihung von Facetten und Themen des absurden Theaters sieht:

> „Man alienated from an absurd world; the individual estranged from society; the individual's isolation and subjectivity; his consequent feeling of anxiety, anguish, despair, nausea; the individual facing his own nothingness or confronting his guilt; his struggle to distinguish between inauthentic and authentic selves; his assertion of personal freedom through irrevocable choice, particularly in extreme situations, limit situations and crisis situations; death consciousness and the need to define oneself against it; the victim-hero who creates his own values from within."[41]

Ionesco, der nicht nur ein genialer Dramatiker, sondern auch ein profunder theoretischer Autor des absurden Theaters war, versteht es in bester Camusauslegung so:

> „Absurd ist etwas, das ohne Ziel ist [...] Wird der Mensch losgelöst von seinen religiösen, metaphysischen oder transzendentalen Wurzeln, so ist er verloren, all sein Tun wird sinnlos, absurd, unnütz, erstickt im Keim."[42]

Es war vor allem das absurde Theater, das mit Autoren wie Beckett, Ionesco und Adamov dem Gefühl der absurden Existenz vehementen Ausdruck verliehen, und es in der Kunstform des Theaters zur Ausfaltung und Vollendung gebracht hat.

2.2 Definition und Bedeutung bei Camus

Bei Camus selbst erweist sich das Absurde als abhängig von der Situation des Menschen in der Welt. Der Mensch fragt nach dem Sinn des Lebens, oder anders formuliert: Lohnt sich das Leben oder nicht? Dies ist die entscheidende erste Frage, die er in der Philosophie sieht, da sie nach dem *Handeln* fragt, also *praktische* Bedeutung besitzt.

---

41 R. Chatterji, *Existentialist Approach to Modern American Drama* in: Adam Janiszewski, *The Idea of the Absurd in the American Drama of the Sixties.* Lublin: Wydawn. Uniwersytetu Marii Curie-Sklodowskiej, 1996, S. 33

42 Martin Esslin, *Das Theater des Absurden: Von Beckett bis Pinter.* Reinbek bei Hamburg: Rowohlt Verlag, 1965, S. 14

Bei dieser Sinnsuche ist der Mensch auf die diesseitige Welt beschränkt, denn

> „Wenn es das Absurde gibt, so nur im Universum des Menschen. Sobald dieser Begriff sich in ein Sprungbrett zur Ewigkeit verwandelt, ist er nicht mehr auf die menschliche Klarheit angewiesen."[43]

Camus' Ablehnung der Transzendenz als Flucht oder als nicht begreifbar verweist uns immer wieder auf die diesseitige Welt und die menschliche Praxis.[44] Die Suche nach Sinn ist nach Camus aber in jedem Fall erfolglos, denn die Kontingenz der Welt ist unabweisbar:

> „Ich kann in dieser Welt alles widerlegen, was mich umgibt, mich vor den Kopf stößt oder begeistert, nur nicht dieses Chaos, diesen König Zufall, und diese göttliche Gleichwertigkeit, die aus der Anarchie erwächst."[45]

So ergibt sich die Absurdität aus der Kluft, die sich zwischen dem sinnsuchenden Menschen und der irrationalen Welt auftut. Auf die Frage nach einer Einheit mit der Welt gibt sie keine Antwort, weil sie sich weder deuten noch rechtfertigen lässt. Das Heimweh der Menschen nach Glück und Vernunft, Heimat und Vertrautheit wird enttäuscht.[46] Das ist die Geburtsstunde des Absurden, denn

> „Das Absurde entsteht aus dieser Gegenüberstellung des Menschen, der fragt, und der Welt, die vernunftwidrig schweigt."[47]

Das Gefühl des Absurden wird dabei z. B. mit Lächerlichkeit, Überdruss, Ekel, Tod, oder Sorge assoziiert.[48] Wichtig ist hierbei, dass es sich um das *Gefühl* des Absurden handelt, das Camus auch als ein

---

43 *MvS*, S. 42

44 vgl. *MvS*, S. 41ff., Kapitel: *Umschlagen in Mystik*

45 *MvS*, S. 57

46 vgl. auch *MvS*, S. 56

47 *MvS*, S. 35, vgl. dazu auch Blaise Pascal, *Gedanken*. Stuttgart: Reclam Verlag, 1997, S. 129 „[...] wenn ich bedenke, wie das ganze Weltall stumm ist und der Mensch ohne Erkenntnisvermögen sich selbst überlassen bleibt [...] "

48 *MvS*, S. 20ff., wobei Camus betont, dass es damit noch nicht ausgeschöpft ist.

geistiges Klima versteht, das jedoch zu unterscheiden ist vom *Begriff* des Absurden.

Der *Begriff* subsumiert die Bedeutungen des Wortes, wie sie in Punkt B 2.1 genannt werden, so z. B. „das ist unmöglich", „das ist ein Widerspruch in sich", „hier besteht ein krasses Missverhältnis zwischen Absicht und Ziel".[49] Von Olivier Todd wird Camus überdies bescheinigt, der Absurdität die meisten Bedeutungen beigelegt zu haben, unter anderem auch: „Das Absurde ist auch das Unzulässige, Unverzeihliche, Unbegreifliche."[50], und E. Mairhofer spricht von der zeitlichen Vorgängigkeit des Gefühls zu der des Begriffes, was Camus in seinen Tagebüchern bestätigt:

> „Ich verstehe Sie, aber ich kann Ihnen nicht mehr folgen, wenn Sie aus dieser Verzweiflung eine Lebensregel machen und sich hinter Ihren Ekel zurückziehen wollen, weil ja doch alles unnütz sei. Denn die Verzweiflung ist ein Gefühl und kein Zustand. Sie können nicht darin verharren. Und das Gefühl muss einer klaren Erkenntnis der Dinge weichen."[51]

Sowohl bei dem Gefühl als auch bei dem Begriff des Absurden gelingt es Camus zu zeigen, dass das Absurde durch eine Beziehung, eine Dualität entsteht. Im ersten Falle ist es die Gegenüberstellung des Menschen und der Welt; im zweiten das *Miss-verhältnis* zwischen Mittel und Ziel, also ein Vergleich. Das Absurde kommt ausschließlich durch den Menschen in die Welt: „Außerhalb eines menschlichen Geistes kann es nichts Absurdes geben."[52], und wird durch dessen Tod wieder vernichtet, denn es ist eine *Verbindung*, die nur durch seine beiden gleichzeitig anwesenden Glieder bestehen kann, die sich in gegenseitiger Abhängigkeit befinden: „So endet

---

49 vgl. *MvS*, S. 37

50 Olivier Todd, *Albert Camus. Ein Leben*. Reinbek bei Hamburg: Rowohlt Verlag, 1999, S. 325 [im Folgenden mit Todd abgekürzt]

51 *TB 1*, S. 141

52 *MvS*, S. 38; z. B. Tiere, die ohne Bewusstsein sind, haben keinen Begriff von der Absurdität, sondern befinden sich im Einklang mit der Welt, sie *sind* sie (S. 57)

das Absurde wie alle Dinge mit dem Tode."[53] Der Tod ist eine absolute Grenze und die Romanfigur Meursault muss diese Wahrheit spüren:

> „An dieser Schärfe des Todes als eines absoluten Endes prallt für Meursault jede Hoffnung und Tröstung ab."[54]

Camus besteht darauf, dass das Absurde durch diesen Zwiespalt selbst entsteht:

> „Das Absurde ist im wesentlichen ein Zwiespalt. Es ist weder in dem einen noch dem anderen verglichenen Element enthalten. Es entsteht durch deren Gegenüberstellung."[55]

Es ist einleuchtend, dass die Welt an sich nicht absurd ist; sie ist allenfalls neutral und gleichgültig. Allerdings kann der Einwand geltend gemacht werden, dass die Absurdität innerhalb des menschlichen Geistes bleibt, und eine Objektivierung, wie sie Camus vornimmt, unstatthaft ist. Aber selbst wenn das richtig ist, kann der Mensch einen Zwiespalt herstellen, indem er sich selbst befragt, was aber wiederum auf ein Missverhältnis hinausläuft, und zwar zwischen Frage und Befragtem innerhalb des Bewusstseins.

Zweifellos nimmt der Begriff des Absurden bei Camus eine der zentralsten Stellen ein:

> „[...] schließe ich, dass der Begriff des Absurden etwas Wesentliches ist, und als meine erste Wahrheit gelten kann."[56]

Die Anspielung auf Descartes wird unter anderem auch in der Weiterentwicklung spürbar. Das „cogito, ergo sum" wird in *Der Mensch in der Revolte* (im Folgenden mit *MR* abgekürzt) zu „Je me révolte, donc nous sommes."[57] umformuliert. Auch wenn Camus betont,

---

[53] *MvS*, S. 38

[54] Peter Kampits, *Der Mythos vom Menschen: zum Atheismus und Humanismus Albert Camus'*. Salzburg: Otto Müller Verlag, 1968, S. 28

[55] *MvS*, S. 37

[56] *MvS*, S. 38 oder auch S. 57

[57] Albert Camus, *Essais*. Bibliothèque de la Pléiade. Paris: Éditions Gallimard, 1965, S. 432 [im Folgenden Essais abgekürzt]

dass jegliche Erkenntnis auf das Fühlbare, das Erlebbare beschränkt ist, und er radikal jegliche Metaphysik abweist,

> „Um dieser Methode treu zu bleiben, lasse ich mich nicht auf das Problem der metaphysischen Freiheit ein. Zu wissen, ob der Mensch frei ist, interessiert mich nicht. Ich kann nur meine eigene Freiheit beweisen."[58]

so bekommt doch 'die erste Wahrheit' eine Art metaphysischen Status zugewiesen und wird zu einem verlässlichen Ausgangspunkt, auf den seine Philosophie immer wieder zurück kommen kann.[59] Die einzige Gewissheit, die Camus erkennen kann, ist eben die Absurdität, ein Gedanke, der sich vor allem durch den *Mythos* zieht.[60]

Gegen die Verlässlichkeit des Absurden spricht jedoch ein anderes Merkmal, nämlich dessen Selbstwidersprüchlichkeit. Es ist ja gerade als das Versagen der Vernunft definiert, d. h., die Vernunft stößt an eine Grenze, die die Vernunft nicht mehr überschreiten kann. Die Kontingenz der Welt kann nicht von ihr erklärt werden, und so ist das Setzen auf das Absurde immer eine Wette[61], weil an dieser äußersten Grenze keine Sicherheiten mehr herrschen und die Ratio notwendigerweise versagen muss. Aber gerade das Paradoxe im Absurden fordert neben andern Schwachstellen besonders die Kritik heraus.

2.3 Kritik an der Konzeption des Absurden

Eine problematische Annahme in der Konzeption des Absurden ist z. B. die Voraussetzung, dass es so etwas wie Sinn gibt. Camus bewegt sich damit in der Tradition von Descartes; in uns ist das Wissen um die Welt. Einen Sinn 'außerhalb' kann man nicht begrei-

---

58 *MvS*, S. 62, siehe auch S. 10 (erster und zweiter Absatz des Buches), und die Vorrede

59 vgl. Pechtl, *Kraft und Güte,* S 28ff.

60 vgl. *MvS*, S. 13, vgl. dazu auch *TB 1*, S. 111

61 vgl. *MvS*, S. 58

fen.[62] Die Abwesenheit von Einheit mit der Welt impliziert, dass sie schon einmal 'anwesend' war. Die Suche danach ist vergeblich, obwohl suchen ja schon bedeutet zu wissen, dass man etwas verloren hat, oder zumindest die Vermutung ist, dass es etwas gibt, das man finden könnte.

Ein weiteres Problem ist die Subjektivität, denn Camus beschreibt das Bewusstwerden der Absurdität ausdrücklich als Einzelerfahrung. Deshalb muss er sich die Kritik gefallen lassen, dass er damit ein Phänomen beschreibt, das höchst subjektiv sein könnte, und nicht auf alle Menschen verallgemeinert werden kann. Das sehen auch die Kommentatoren Schlette und Yadel sehr genau:

> „Was erlaubt uns denn, Absurdität und Einheitsverlangen als Ausgangspunkt zu beanspruchen?"[63]

Aber die Erfahrung des Einzelnen wird trotzdem auf alle übrigen ausgeweitet, denn Camus stellt das Axiom auf, dass Absurdität für jeden spürbar geworden ist, der an Selbstmord gedacht hat.[64]

Diejenigen, die die Absurdität wie Camus erfahren, können ihm eventuell bei dem Gedanken der Auflehnung nicht folgen. Camus gesteht das selbst ein:

> „Wir müssen von den Menschen ausgehen, die fortgesetzt Fragen stellen und keine Schlüsse ziehen. Ich sage das fast ohne Ironie: es handelt sich um die Mehrzahl."[65]

Wie wir gesehen haben, versteht Camus das Absurde als die Einsicht in die Kontingenz der Welt. Daraus ergibt sich allerdings auch eine Einschränkung zeitlicher Art. Epochen, für die diese Kontingenz nicht evident ist oder war, worunter z. B. die Antike und das Mittelalter zählen, die von einem geordneten und harmonischen

---

62 vgl. *MvS*, S. 57

63 Heinz Robert Schlette, Martina Yadel, *Albert Camus: L'Homme Révolté*. Essen: Verlag Die Blaue Eule, 1987, S. 18

64 vgl. *MvS*, S. 23 „[...] da alle normalen Menschen an Selbstmord gedacht haben, [...]", spüren sie auch die Beziehung zu „diesem Gefühl".

65 *MvS*, S. 13/14

Weltbild ausgingen, hätten seinen Gedankengang schon vom Ansatzpunkt her nicht verstehen können. Damit ist natürlich nicht gesagt, dass die Furcht vor dem Tod, das Erkennen der eigenen Bedeutungslosigkeit und die Flüchtigkeit der Welt - alles Bestandteile einer von Absurdität geprägten Weltsicht - nicht immer schon Themen der Denker waren. Aber das die seit jeher existierenden pessimistischen Grundtendenzen des menschlichen Lebens überlagernde, sehr scharfe und spezifische Konzept der Absurdität von Camus ist auf seine Epoche beschränkt.

Die Evidenz des Absurden scheint sicherlich niemals deutlicher auf als im Lichte zweier Weltkriege (und dem Verlust des Glaubens): sie ist jedoch allenfalls die Grundstimmung der Mitte des 20. Jahrhunderts, die es leichter macht, dass 'die Kulissen einstürzen', keinesfalls eine Vorstellung, die alle Menschen teilen. Das ist im übrigen auch die Kritik von Sartre, der prinzipiell die Möglichkeit ablehnt, für eine Allgemeinheit sprechen zu können, denn das wäre Ideologie, und damit nur eine unter vielen.

Ist also der Camus'sche 'Sinn für Absurdität' eine moderne, nur für unsere Zeit geltende Erscheinung? Es scheint so, denn in der Postmoderne (z. B. bei Richard Rorty) ist zwar die Tatsache der Kontingenz anerkannt, wird aber nicht mehr wie bei Camus und Sartre mit negativen Emotionen besetzt. Das legt eine Weiterentwicklung nahe, und schon heute, 50 Jahre später, erscheint die Auffassung des Absurden, wie sie im Frankreich der 50er Jahre nach dem Krieg vertreten wurde, keineswegs mehr als unmittelbar evident.

Aber hinter den genannten Einwänden steckt noch ein anderes, größeres Problem, das sich aus dem Begriff des Absurden selbst ergibt. Wie weiter oben bereits erwähnt, ist das Absurde im höchsten Maße selbstwidersprüchlich: es ist eine Grenze, wo Logik und Vernunft versagen. Und doch ist es Camus' erklärter Anspruch, logische

Ableitungen daraus zu ziehen.[66] Nun resultiert ein Paradoxon aus dem Bestreben, aus etwas Irrationalem rationale (logische) Folgerungen zu gewinnen. Wenn man dieses Paradoxon als dem Absurden immanent auffasst, dann muss der Schluss daraus lauten, dass *alles,* auch Selbstwidersprüchliches ableitbar ist. Wenn das Paradoxon aber auf der Ebene der Ratio liegt, dann kann die selbstwidersprüchliche Absurdität unmöglich die Basis logischer Folgerungen (z. B. der Auflehnung) sein, ohne sich selbst die Grundlage zu entziehen. Dieses dem Begriff des Absurden inhärente Prinzip macht demzufolge *alle* Handlungen, die gegen es gerichtet sind, selbst absurd bzw. sinnlos, auch die Auflehnung.

Es ist also unmöglich zu erklären:

> „Das Absurde hat nur insoweit einen Sinn, als man sich mit ihm nicht einverstanden erklärt."[67] („L'absurde n'a de sens que dans la mesure où l'on n'y consent pas.")

In den *Notes et Variantes* ist dazu noch ein in der Endfassung ausgelassener Satz angegeben, „Et il faut s'en tenir là."[68] Savelsberg pflichtet dem bei:

> „Ein Denken, das sich selbst als absurd will beschreiben können, muss rationales Denken sein. Jede seiner Aktionen muss sich daher um des erstrebten Zieles - der Absurdität - willen, in scheinbare Widersprüche verwickeln, weil es diese Aktionen immer zugleich auf der Ebene der Absurdität und auf der Ebene der Rationalität durchführen muss."[69]

Er sieht noch einen anderen gravierenden Defekt des absurden Denkens. Durch seine eigene Struktur befindet es sich in einem logischen Dilemma, denn Lösungen bzw. Schlussfolgerungen *ganz allgemein* widersprechen dem Absurden:

---

66 vgl. *MvS*, S. 16 „gibt es eine Logik bis zum Tode? [...] Ich nenne sie eine absurde Überlegung"

67 *MvS*, S. 39

68 *Le Mythe de Sisyphe*, S. 121, sowie *Notes et Variantes*, S. 1436 in: *Essais*

69 Heinrich Egon Savelsberg, *Das Absurde als Spiel und Revolte in A. C.'s „Le Mythe de Sisyphe"*. München: W. & I. Salzer, 1966, S. 29

> „In dem Augenblick nämlich, in dem das absurde Denken sich selbst gerechtfertigt oder irgendeine Wahrheit bewiesen hätte, wäre eine Lösung gefunden und ein Ausweg aus der absurden Situation aufgezeigt."[70]

Camus argumentiert bei diesem Problem in seiner ersten Phase anders als in seiner zweiten. Zunächst ist das Aushalten der Absurdität bei ihm tatsächlich eine nicht aufzulösende Spannung. Aber in *MR* gibt er später zu:

> „Das Absurde in sich selbst ist Widerspruch. Es ist ein Widerspruch seinem Inhalt nach, denn es schließt die Werturteile aus und will dennoch das Leben aufrecht erhalten, wo doch Leben an sich schon ein Werturteil ist. [...] [Daher] erscheint der absurde Standpunkt beim Handeln unvorstellbar. Er ist unvorstellbar auch in seinem Ausdruck."[71],

und auch in seinen Tagebüchern schreibt er 1943:

> „Es will heißen, dass das Absurde *wirklich* der Logik entbehrt. Deshalb können wir *wirklich* nicht davon leben."[72]

Die für ihn offensichtliche Schlussfolgerung bestand darin, einen neuen Standpunkt (siehe Punkt C 3 *Moralische Gegenentwürfe*) zu entwickeln, der als widerspruchsfreie Grundlage des Handelns fungieren kann.

3 Folgerungen aus der Absurdität

Bisher wurde in einem ersten Schritt gezeigt, wie Camus das Absurde auffasst und welche Stellung es in seinem Denken einnimmt. Unmittelbar schließt sich die Frage nach den Folgerungen an, die Camus daraus zieht. Als entscheidendste ist wohl die Auflehnung zu nennen, denn sie allein gewährleistet die Aufrechterhaltung der Absurdität:

---

70 Savelsberg, *Das Absurde als Spiel und Revolte,* S. 34

71 *MR*, S. 11

72 *TB 1*, S. 282

> „Ich habe es als eine Gegenüberstellung und einen pausenlosen Kampf definiert."[73]

Da das Absurde nur als existent gefasst werden kann, wenn Mensch und Welt interagieren, wird der Selbstmord abgelehnt, weil er diese Verbindung auflöst. Aber Leben allein genügt nicht, denn nur wenn man sich ständig bewusst ist, dass die Welt kontingent, dass alle Handlungen letzten Endes zwecklos sind, dann führt man ein der Absurdität entgegenwirkendes Leben.

Abgesehen von der Auflehnung gibt es noch zwei weitere Folgerungen aus Camus' bisherigen Gedankengang. Er spricht von drei gewonnenen Ergebnissen:

> „So leite ich vom Absurden drei Schlussfolgerungen ab: meine Auflehnung, meine Freiheit, und meine Leidenschaft."[74]

Letztere interagieren miteinander. Ebenso wie die Auflehnung als Bedingung Klarsichtigkeit voraussetzt, ist sie eng mit der Leidenschaft verbunden:

> „Ist die Absurdität erst einmal erkannt, dann wird sie zur Leidenschaft, zur herzzerreißendsten aller Leidenschaften."[75]

Dabei muss das 'Klarsehen', die 'Scharfsichtigkeit', 'ohne Illusionen zu sein' betont werden.[76]

Durch die Unmöglichkeit das Chaos zu beherrschen und das Leben zu planen, verweist die Absurdität auf eine unbedingte Beschränkung auf die Gegenwart, in der zudem außer den drei eben genannten Schlussfolgerungen nichts bestehen kann. Das wirkt sich auch für die Möglichkeit einer Moral aus, und *Der Mythos von Sisyphos, Der Fremde* und *Caligula* spiegeln deutlich wieder, dass zu dem Zeitpunkt, als er diese Werke schrieb, eine Moral für Camus unmöglich scheint, denn er befindet sich mit diesen Werken in der ersten der

---

73 *MvS*, S. 38
74 *MvS*, S. 69
75 *MvS*, S. 29
76 *MvS*, z. B. S. 24f., S. 73, S. 95, S. 99, S. 106

drei geplanten Phasen seines Gesamtwerkes, was Camus selbst bestätigt:

> „[...] je voulais d'abord exprimer la négation. Sous trois formes. Romanesque : ce fut *l'Étranger*. Dramatique : *Caligula, le Malentendu*. Idéologique : *le Mythe de Sisyphe*. (...) Mais c'était pour moi, si vous voulez bien, le doute méthodique de Descartes. Je savais que l'on ne peut vivre dans la négation (...) ; je prévoyais le positif sous les trois formes encore. Romanesque : *la Peste*. Dramatique : *l'État de siège et les Justes*. Idéologique : *l'Homme révolté*. J'entrevoyais déjà une troisième couche, autour du thème de l'amour. "[77]

Die Unmöglichkeit einer Moral legt zudem auch die bisher herausgearbeitete Struktur des Absurden nahe.

3.1 Das Fehlen einer Moral

Nach der Veröffentlichung von *Der Mythos von Sisyphos* und *Der Fremde* hagelte es Proteste von zeitgenössischen konservativen Kritikern. Aber auch spätere Interpreten wie Cruickshank stellen fest:

> „[...] the very self-centred nature of his ethical view at this stage. The absurd, as he interprets it, seems to produce a solipsistic moral world. Real consciousness of other people such as a sound ethical attitude surely requires, is noticeably lacking."[78]

Empörung wurde vor allem laut über die 'Unmoral', die Gleichgültigkeit mit der Meursault mordet, und der damalige Kritikerpapst André Rousseaux verreisst Camus als 'moralischen Bodensatz' und bezeichnet Meursault als 'Immoralisten', dem alles amputiert worden sei, was einen Menschen ausmacht.[79]

Sie übersahen dabei die eminent wichtige Vorbemerkung im *Mythos* von Camus, die den Rahmen des Buches festschreibt, und wie Sartre zu Recht bemerkte, zur Interpretation des *Fremden* unbedingt herangezogen werden muss. Camus versteht das Absurde nicht als Ergeb-

---

[77] *Essais*, S. 1610

[78] John Cruickshank, *Albert Camus and the literature of revolt*. London New York: Oxford University Press, 1959, reprint 1978, S. 88

[79] vgl. Todd, S. 332

nis, sondern als *Ausgangspunkt*, was sich im weiteren Werk bestätigt.[80] Dieser Ausgangspunkt ist in der Tat nihilistisch geprägt, und aus ihm heraus können keine Urteile und Wertungen abgegeben werden.[81] Weiter gibt Camus zu Beginn des *MR* zu:

> „Wen verwundert es, dass es [das Absurde] uns die Werte nicht beibringt, die für uns über die Legitimität des Mordes entscheiden?"[82]

Wichtig ist auch, dass Camus vor allem auf seinen Leitgedanken der Notwendigkeit einer *Auflehnung* aufmerksam machen wollte; moralische Fragen waren zu diesem Zeitpunkt gerade *nicht* im Fokus seiner Aufmerksamkeit.

Es ist trotzdem ansatzweise bereits zu diesem Zeitpunkt zu spüren, dass sich Camus vom Nihilismus, wie er ihn verstanden hat, abgrenzt. Nihilismus bedeutet in erster Linie Lebensfeindlichkeit und destruktive moralische Tendenzen für ihn. Dem „Alles ist erlaubt" eines Iwan Karamasov setzt er entgegen:

> „Alles ist erlaubt – das bedeutet nicht, dass nichts verboten wäre."[83]

Auch wenn es ihm unmöglich ist, aus den gewonnenen 'ersten Wahrheiten', moralische Prinzipien abzuleiten, verweist er doch darauf, das das Absurde keineswegs eine Empfehlung von Verbrechen wäre. Ganz abgesehen davon ist er der Meinung:

> „Es kann sich nicht um eine Erörterung der Moral handeln. Ich habe Leute gesehen, die mit großem moralischem Aufwand Böses taten, und ich stelle täglich fest, dass die Anständigkeit keiner Gebote bedarf."[84]

---

80 vgl. z. B. *MR*, S. 11

81 vgl. *MR*, S. 23 „Keine Moral und keinerlei Streben lassen sich *a priori* vor der blutigen Mathematik rechtfertigen, die über uns herrscht."

82 *MR*, S. 11

83 *MvS*, S. 73

84 *MvS*, S. 72

Halten wir fest, dass es ihm in dieser ersten Phase seines absurden Denkens die Logik der Gleichwertigkeit aller Dinge und Folgen von Handlungen unmöglich macht, eine Moral zu entwerfen[85], denn:

> „Jedwede Moral beruht auf der Vorstellung, dass eine Tat Folgen hat, die sie rechtfertigen oder entwerten."[86]

aber eben diese Folgen sind durch das Absurde absolut gleich zu bewerten:

> „Das Absurde gibt nur den Folgen dieser Handlung die Gleichwertigkeit. [...] dass diese Folgen mit heiterer Ruhe betrachtet werden müssen."[87]

Ein hervorragendes Beispiel für diese Haltung verkörpert Meursault, worauf in Punkt B 3.2.2 genauer eingegangen wird. Meursault ist aber abgesehen davon, nur ein *Modell*, ein Entwurf, wie eine absurdes Leben aussehen könnte, denn da es starre Richtlinien bei einer absurden Existenz nicht geben kann, verdeutlicht Camus, dass es nur um verschiedene Lebens*entwürfe* gehen kann, nicht aber um Verbote.

3.2 Lebensentwürfe

Camus skizziert vier Entwürfe, die er ausdrücklich als Beispiele und sogar als nicht unbedingt nachahmenswert kennzeichnet: Don Juan, den Eroberer, den Schauspieler, und den Künstler. Sie alle verbindet der Wille, sich selbst voll auszuschöpfen, den absurden Widerspruch auszuhalten, ihre Leidenschaft zu leben.[88] Der Künstler nimmt dabei eine Sonderstellung ein, denn der schöpferische

---

85 vgl. dazu Pechtl, *Kraft und Güte*, S. 53

86 *MvS*, S. 73

87 *MvS*, S. 73

88 vgl. *MvS*, S. 78 (Don Juan und Leidenschaft); S.86 (der Schauspieler, der alles im absurden Widerspruch ausleben will), S. 89 (der Eroberer, der das Bewusstsein der Vergänglichkeit seiner Taten kultiviert)

Mensch ist die „absurdeste Gestalt"[89], weil sie durch die Kunst zweimal lebt, und die Kunst braucht, um die Wahrheit zu ertragen.

Im Gegensatz zu den hier nur kurz erwähnten positiven Entwürfen verstehe ich die negativen, denen Camus jeweils ein Werk in dieser ersten Periode seines Schaffens widmet.

Caligula im gleichnamigen Drama zeigt eine maßlose und deshalb falsche Auffassung von Freiheit, weil sie nicht vor der Freiheit der anderen haltmacht. Meursault lebt in *Der Fremde* sein Leben gleichgültig, und gerade eben nicht leidenschaftlich. Die *Auflehnung* schließlich fällt schon in die zweite Phase von Camus' Schaffen, und wird in *Der Mensch in der Revolte* detailliert ausgearbeitet, was Thema des zweiten Teils der vorliegenden Arbeit ist.

In *Das Mißverständnis* schließlich mangelt es Jan an Aufrichtigkeit und Offenheit, er versäumt es, eine klare Sprache zu sprechen, „das Kind beim Namen zu nennen", was eine notwendige Voraussetzung ist, um das Absurde zu erkennen, und nur so kann es zu dem *Mißverständnis* kommen.[90] Camus bemerkt dazu in seinem Tagebuch:

> „Das ganze Unglück der Menschen rührt daher, dass sie sich nicht einer einfachen Sprache bedienen. Wenn die Hauptperson im *Mißverständnis* gesagt hätte: 'Sehen Sie, ich bin's und ich bin Ihr Sohn', wäre ein Gespräch möglich und nicht gefährdet wie im Stück."[91]

(Die Tugenden der Klarsichtigkeit und der Fähigkeit, eine klare Sprache zu sprechen, sind im strengeren Sinne keine Schlussfolgerungen, aber von Camus eingeforderte Bedingungen, um das Absurde zu bestehen.)

---

89 *MvS*, S. 95

90 vgl. Albert Camus, *Das Mißverständnis*, S. 81 „Im Grunde genügt es, die richtigen Worte zu finden."; oder auch S. 82, S. 94, S. 99 in: *Albert Camus, Dramen*. Reinbek bei Hamburg: Rowohlt Verlag, 1959 Sonderausgabe 1962 [im Folgenden Dramen abgekürzt]

91 *TB 1*, S. 328

3.2.1 Freiheit

Die Verwandlung Caligulas zu einem absurden Charakter geschieht durch den Tod seiner Geliebten und Schwester.[92] Deren Tod ist mehr, als er verkraften kann, und er schließt aus dem Verlust, dass das Dasein letztlich sinnlos und nicht berechenbar ist. Caligula trägt viele Merkmale des absurden Menschen, die Camus in *Der Mythos von Sisyphos* beschreibt (die durchaus positiv sind). Er ist in allen Dingen konsequent (denn er tötet z. B. auch die einzige, die ihn noch liebt, Caesonia) und er lebt seine Logik bis zum Tode, denn er lässt die Verschwörung zu, die seinen Tod herbeiführt.[93]. Er ist klarsichtig; er hat die Absurdität des Daseins erkannt und ist „bereit zu zahlen", wie es im *Mythos* heißt[94], d. h. er trägt die Folgen seiner Taten mit Gelassenheit.

Aber Caligula zieht einen falschen Schluss aus dieser Erkenntnis. Er betrachtet seine Freiheit als absolut; der Willkür und Grausamkeit sind keine Grenzen mehr gesetzt. Weder Götter noch Naturgesetze will er akzeptieren. Er erhebt sich selbst zum Schicksal.[95] Die Freiheit, die er genießt, weil es kein Gesetz mehr gibt, das ihn zurückhalten kann, lässt ihn glauben, dass Massenhinrichtungen mit dem selben Maß wie Kornverteilung an Hungernde gemessen werden. Er lässt dem ersten, richtigen Schritt, der Erkenntnis der Absurdität der Existenz, einen zweiten, falschen folgen. Er fällt zurück in den Nihilismus und entwickelt zerstörerische Züge. M. Fleischer bezeichnet Caligula als einen aktiven Nihilisten, und das Drama als zentriert um das Problem des Nihilismus, wegen der auffälligen Häufung des Wortes 'nichts' am Beginn des Stückes.[96] Caligula wird

---

92 Camus, *Caligula*, S. 21 in: *Dramen*

93 Camus, *Caligula*, S. 33/34, S. 37, S. 53, S. 57

94 Camus, *Caligula*, vgl. S. 55, sowie *MvS*, S. 73

95 Camus, *Caligula*, S. 53

96 vgl. Margot Fleischer, *Zwei Absurde: Camus' Caligula und Der Fremde: Eine Interpretation*. Würzburg: Königshausen und Neumann, 1998, S. 28

auch von Camus selbst als Nihilist gekennzeichnet, wobei dieses Etikett die Konnotation 'destruktiv' und 'lebensvernichtend' trägt.

Deswegen muss Caligula schlussendlich scheitern. Seine Freiheit ist nicht so absolut, wie er sie setzt, sondern wird begrenzt durch die seiner Mitmenschen. Er beklagt selbst die Einsamkeit:

> „Zu viele Tote, zu viele Tote, das schafft Lücken."[97]

Nachdem er Caesonia getötet hat (das ist der Höhepunkt seiner Logik), will er nicht mehr weiterleben und fühlt Ekel vor sich selbst. Durch sein maßloses Morden hat er zwei grundlegende Dinge der menschlichen Existenz vernichtet: die Solidarität der Menschen und durch den Mord an Caesonia auch die Liebe. Caesonia spricht aus, was schon lange klar ist: Caligula hat sein Menschsein verloren:

> „Jeden Tag sehe ich, wie dein menschliches Antlitz Stück um Stück dahinstirbt."[98]

Im Vorwort zu Caligula sagt Camus:

> „Aber während seine Wahrheit darin besteht, die Götter zu leugnen, besteht sein Irrtum darin, die Menschen zu leugnen. Es ist nicht möglich, alles zu vernichten, ohne sich selbst mit zu zerstören."[99]

3.2.2 Leidenschaft

Meursault in *Der Fremde* ist der Prototyp eines absurden Menschen, zeichnet sich aber vor allem durch seine Gleichgültigkeit gegenüber allem aus, was nicht unmittelbar physisch ist.[100] Er beschreibt Paris

---

[97] Camus, *Caligula*, S. 46 und S. 54

[98] Camus, *Caligula*, S. 70

[99] *Dramen, Vorwort*, S. 9

[100] vgl. dazu auch Philip Thody, *Albert Camus*, S. 41. Leo Pollmann widerspricht dem zwar in *Sartre und Camus: Literatur der Existenz*, Stuttgart: W. Kohlhammer Verlag, 1967, S. 126f., aber er nimmt als Beleg ein sinnentstellend verkürztes Zitat von Camus, und geht mit keinem Wort auf Meursault als *absurden* Menschen ein.

mit den dürren Worten, dass es dort Tauben und Hinterhöfe gäbe[101], er erklärt Marie schonungslos, dass er sie „zweifellos nicht liebe"[102], weint nicht um seine Mutter, als sie stirbt, und bringt schließlich den Araber „wegen der Sonne"[103] um. Alles Verhaltensweisen, die man zweifellos un-menschlich nennen würde, wie es der Staatsanwalt auch tut, und die ihn aus der Gemeinschaft der Menschen dauerhaft ausschließen. Meursault ist tatsächlich der *Fremde*, der sich in einer anderen, seinen Mitmenschen nicht zugänglichen, eigenen Welt eingerichtet hat. Er fügt sich zwar nahtlos in die Natur ein, aber sowohl gegenüber seinen Mitmenschen (Maria, Mutter, Raymond) als auch sozialen Institutionen (Ehe, Gericht) zeigt er, dass er extrem unbeteiligt ist, ja dass er sie oft nicht einmal mehr versteht. Indem er immer schonungslos die Wahrheit sagt, entfernt er sich vom sozialen Kontakt her von seinen Mitmenschen. Meursault betrachtet alle Dinge als absolut gleichwertig, was ihn zum absurden Menschen stempelt, der wie Caligula „die Folgen seiner Taten mit heiterer Ruhe betrachten kann."[104] Aber obwohl er in dieser Hin sicht dem Camus'schen Ideal entspricht, tut er dies in Bezug auf die Leidenschaft ganz und gar nicht, und ist darin Caligula (bei diesem in Bezug auf die Freiheit) ähnlich. Gérmaine Brée meint, dass Meursault zwar den absurden Menschen verkörpert, der im *Mythos* beschrieben wird, dass aber dessen Passivität (von Camus) verurteilt wird.[105] Camus spricht ihm zwar eine 'passion profonde' zu, aber nur in Hinblick auf 'l'absolu' und 'la vérité'.[106]

Der absurde Mensch ist durch seine Erkenntnis den Menschen um sich herum zwar überlegen (in der Sicht Camus'), aber er schafft den nächsten Sprung, den zur Leidenschaft nicht, den Camus fordert:

---

101 vgl. Albert Camus, *Der Fremde*. Reinbek bei Hamburg: Rowohlt Verlag, 1961, S. 55

102 vgl. Camus, *Der Fremde*, S. 53

103 vgl. Camus, *Der Fremde*, S. 122

104 *MvS*, S. 73

105 Germaine Brée, *Albert Camus: Gestalt und Werk*, S. 129f

106 Georges Hourdin, *Camus le Juste*. Paris: Les Editions du Cerf, 1962, S. 202

> „Auf dieser Stufe begegnet die Gleichwertigkeit dem leidenschaftlichen Begriffsvermögen."[107]

Kein einziges Mal bricht er aus der Langeweile aus, denn ihm scheint nicht bewusst zu sein, dass er nur durch leidenschaftliche Auflehnung seine Abgestumpftheit überwinden kann. Es gibt immer etwas, für das es sich lohnt zu leben, meint Camus auf Seite 69 des *Mythos*, und man entscheidet selbst, was das ist. Ob man die Kunst, die Musik, oder sonst irgend etwas als wichtig ansieht, ist eine individuelle Entscheidung, und unterliegt niemals irgendwelchen Kriterien von außen.

Es gibt zwar im zweiten Teil des *Fremden* Ansätze einer Entwicklung, denn Meursault wird es z. B. wichtig, dass andere ihn sympathisch finden, und er zeigt Gefühle,

> „[...] dass ich zum erstenmal seit vielen Jahren das unsinnige Bedürfnis zu weinen hatte, weil ich gespürt habe, wie sehr ich von all diesen Leuten verabscheut wurde."[108]

oder wie nach dem Freundschaftsbeweis von Celèste, „[...] aber zum ersten Mal in meinem Leben hatte ich Lust, einen Mann zu küssen.".[109] Aber es ist zu spät, die Gemeinschaft der Menschen hat ihn längst ausgeschlossen. In der Zelle beendet Meursault die Entwicklung zum absurden Menschen, der sich seiner Wahrheiten gewiss ist, und „fühlt zum ersten Mal die zärtliche Gleichgültigkeit der Welt", und findet damit seinen Frieden und Glück.[110]

---

[107] *MvS*, S. 70

[108] Camus, *Der Fremde*, S. 106/107

[109] Camus, *Der Fremde*, S. 110

[110] Camus, *Der Fremde*, S. 143

3.2.3 *Auflehnung*

Die dritte Schlussfolgerung ist die der Auflehnung (*révolte*), die im *Mythos* skizziert wird, und das Leitmotiv der zweiten Phase werden wird:

> „Diese Auflehnung gibt dem Leben seinen Wert."[111]

Weil das Absurde als ein Zwiespalt definiert ist, lehnt Camus alles ab, was „[...] diese Forderungen [des Absurden] zerstört, verschwinden lässt oder verringert ..)"[112]. Das wäre z. B. der Selbstmord, oder die Nichtanerkennung der Kontingenz. Deswegen ist die Auflehnung die einzige logische Konsequenz zur Aufrechterhaltung der Absurdität, ja sie wird überhaupt erst möglich durch das Bewusstwerden der Absurdität. Camus lehnt deswegen den 'Sprung in den Glauben' ab (wie er z. B. von Kierkegaard vertreten wird), eine These, die sich schon in seiner Diplomarbeit über Augustinus und Plotin findet:

> „L'homme ne peut y [le royaume de Dieu] parvenir et seul le désespoir lui est ouvert."[113]

Die Auflehnung vollzieht sich als Stolz auf ein Leben in Autonomie und als Verachtung gegen das Schicksal. Sie strebt danach, möglichst lange der Sinnlosigkeit frontal gegenüber zu treten. Ziel ist, unversöhnt und voller Leidenschaft sein Leben als eine äußerste Anstrengung zu leben.[114] Das Sinnbild dafür ist Sisyphos, der in alle Ewigkeit dazu verdammt ist, eine durch und durch sinnlose und anstrengende Arbeit zu verrichten, wessen er sich bewusst ist; die-

---

[111] *MvS*, S. 61 vgl. dazu Pascal, *Gedanken*, S. 81: „Die Größe des Menschen zeigt sich darin groß, dass er sich als elend erkennt.", oder auch S. 85, S. 141

[112] *MvS*, S. 39

[113] Albert Camus, *Diplome d'Études Supérieures* in: *Essais*, S. 1237

[114] vgl. *MvS*, S. 61

ses Schicksal muss er als sein eigenes annehmen.[115] Sisyphos verfügt über die Grundwahrheiten, die Camus postuliert:

> „*Sisyphos* ist der Held des Absurden. Dank seiner Leidenschaften und dank seiner Qual. Seine Verachtung der Götter, sein Haß gegen den Tod und seine Liebe zum Leben haben ihm die unsagbare Marter aufgewogen, bei der sein ganzes Sein sich abmüht und nichts zustande bringt."[116]

Weitergeführt wird der Gedanke der Empörung in der zweiten Phase des Schaffens, die mit *Die Pest* einsetzt und mit *MR* fortgeführt wird.

115 wobei man hier von einem Kunstgriff Camus' sprechen kann, denn in Wirklichkeit weiß Sisyphos, dass es nicht sein selbst gewähltes Schicksal ist, sondern ein von außen, von den Göttern bestimmtes.

116 *MvS*, S. 125

C Die Revolte

Wir haben gesehen, wie Camus die Situation des Menschen in der Welt sieht. Gefangen hinter absurden Mauern, darf er dennoch nicht verzweifeln. Die Kontingenz lässt ihn frei werden, und er kann dem Leben 'Sinn' geben durch seine leidenschaftliche Auflehnung gegen die Absurdität seines Daseins. Geprägt ist dieses Bild sicherlich von Camus' persönlicher Suche nach Glück, die auch sein erster, nicht veröffentlichter Roman *Der glückliche Tod* aufschlussreich beschreibt. Das Absurde wird dabei als *mal,* als eine Krankheit bzw. Übel charakterisiert, und steht einer Ethik des Glücks als Haupthindernis entgegen. Das ändert sich radikal durch die Erfahrungen Camus' im zweiten Weltkrieg. Ein individuelles ethisches Glücksstreben ist nun bei weitem nicht mehr das drängendste Problem[117], sondern es gilt sich mit dem 'Mord aus Vernunft' auseinander zu setzen und die Ursachen und Konsequenzen zu überprüfen.

Albert Camus sagt über *Der Mensch in der Revolte:*

> „ 'Ich selbst hätte L'homme révolté nicht geschrieben, wenn ich mich nicht in den vierziger Jahren Leuten gegenübergesehen hätte, deren Taten ich nicht verstand. Kurz gesagt, ich verstand nicht, dass Menschen andere Menschen foltern und ihnen dennoch ins Gesicht blicken konnten.' Mit anderen Worten: Camus konnte nicht begreifen, dass Verbrechen nicht nur organisiert, sondern rational gerechtfertigt und legalisiert werden konnten."[118]

Der Mensch in der Revolte greift auf zwei ineinander verflochtene Stränge zurück. Einerseits geht es darum, die Haltung der Empörung stringent aus der Situation des absurden Menschen weiterzuführen. Dafür steht der Begriff der metaphysischen Revolte; andererseits gilt es, die Ursachen des Blutvergießens in den historischen

---

117 vgl. *MR*, S. 8 „[...] wir unsere Probleme nicht mehr selbst wählen können. Die Probleme wählen uns. [...]" bzw. „[...] die Frage klar zu beantworten, die uns im Blut und Getöse des Jahrhunderts gestellt wird."

118 Brée, *Albert Camus: Gestalt und Werk,* S. 240

Revolutionen zu isolieren, wenn möglich logisch herzuleiten und dem eine Moral entgegenzustellen, die solches in Zukunft unmöglich machen soll.

Denn Camus war zutiefst entsetzt über die Gräueltaten der Nationalsozialisten (vgl. *Vierter Brief an einen Deutschen Freund*) und sah mit Erschrecken, dass sie genau dasjenige Phänomen zur Vollendung gebracht hatten, das er zu bekämpfen angetreten war: den Nihilismus. Camus hatte klarsichtig beschrieben, dass es unmöglich für einen modernen Denker ist, am Befund des Nihilismus vorüber zu gehen. Sein Anspruch war, mit diesem Befund zu arbeiten, zu überprüfen, ob als logische Folgerungen tatsächlich nur die Verzweiflung, sowie eine Beliebigkeit der Moral zu ziehen waren. Die Verzweiflung verneinte er kategorisch im *Mythos;* jetzt musste er daran gehen, die Moral der Auflehnung zu entwerfen:

> „Die Rechtfertigung seiner Tätigkeit in der Widerstandsbewegung [BADF 1943 Übergang] bedeutet einen ersten zögernden Schritt von der *tabula rasa* moralischer Werte in *Le Mythe de Sisyphe* zum liberalen Humanismus von *L'Homme révolté*."[119]

1 Die metaphysische Revolte

1.1 Der Protest gegen das Böse

Was im *Mythos* die Auflehnung gegen das Schweigen der Welt war, bekommt in *MR* einen Namen und wird als metaphysische Revolte bezeichnet, auch um sie von der historischen Revolte abzugrenzen.

> „Die metaphysische Revolte ist die Bewegung, mit der ein Mensch sich gegen seine Lebensbedingung und die ganze Schöpfung auflehnt."[120]

Sie richtet sich gegen Gott, oder atheistisch gedacht, gegen das unverständliche Böse und Leiden in der Welt. Schon allein die Tat-

[119] Thody, *Albert Camus*, S. 98
[120] *MR*, S. 22

sache, dass es Böses gibt[121], bringt Camus wie Dostojewskij zu dem Schluss, dass Gott nicht mehr von Bedeutung sein kann, was moralische Entscheidungen angeht, denn

> „[...] entweder sind wir nicht frei, und der allmächtige Gott ist für das Böse verantwortlich. Oder wir sind frei und verantwortlich, aber Gott ist nicht allmächtig."[122]

was auch schon in Punkt B 1 (*Die Auseinandersetzung mit dem Nihilismus*) beschrieben worden ist. Für Camus ist es davon abgesehen irrelevant, ob Gott existiert oder nicht, weil dieser immer jenseits unserer Erkenntnis bleiben wird. Er argumentiert, dass der Glaube an ein Jenseits mit dem Diesseits nichts zu tun haben kann. Gott wird nur dann 'notwendig', wenn man an die Grenze der menschlichen Vernunft stößt; das wiederum impliziert, dass man Gott nie erkennen bzw. dessen Existenz feststellen kann. Damit wird der 'metaphysische Gott' für Camus, der nur die Praxis anerkennt, uninteressant.

Eng verbunden damit ist die Freiheit der Menschen, die gewonnen wird, wenn kein Herr (Gott) mehr über ihnen steht. Auch hier geht es streng um die individuelle Freiheit des Handelns und eine Debatte über deren ontologischen Ursprung weist Camus entschieden zurück:

> „Deshalb darf ich mich nicht in die Überspannung oder an die einfache Definition eines Begriffes verlieren, der mir in dem Augenblick entgleitet und sinnlos wird, in dem er über den Rahmen meiner individuellen Erfahrung hinausgeht."[123]

In der Moderne findet laut Camus ein Übergang statt, weg von einem als vollkommen barmherzig und gut gedachten Gott, hin zu Gott als verantwortlich für das Leid der Welt. Theologische Erklä-

---

[121] die lebenslange Beschäftigung mit dem Mysterium des Bösen dürfte ihren Ursprung in seiner Diplomarbeit haben, die Augustinus und die Manichäer abhandelt.

[122] *MvS*, S. 62

[123] *MvS*, S. 62

rungen wie z. B. von Augustinus, der das Böse als einen Mangel des Guten beschreibt, weil es undenkbar ist, dass Gott nicht allgütig ist, genügen nicht mehr. Auch der Verweis auf die *Gnade* Gottes ist inakzeptabel, da im selben Schritt das Leiden und die Ungerechtigkeit eingekauft werden. Die Konsequenz daraus ist die Rebellion gegen einen ungerechten Gott. Die Menschen müssen selbst die Verantwortung übernehmen, um Gerechtigkeit zu schaffen und das Leiden bekämpfen zu können, was Werte voraussetzt, die sie nur selbst erschaffen können.

1.2 Die Suche nach Werten

Camus kennzeichnet den Prozess der Ablösung von Gott in drei Phasen, die für ihn im 18. Jahrhundert ihren Anfang nehmen. Die erste Phase besteht in der absoluten Verneinung Gottes, wie durch den Marquis de Sade.[124] Dessen Überlegung ist eine Analogie: wenn Gott böse und grausam ist, dann ist es für den Menschen nur recht und billig, es auch zu sein. De Sade leitet als Konsequenz das Verbrechen ab, was sich laut Camus mit den Romantikern fortführen lässt, die das Böse preisen.[125] In dieser Denkbewegung wird der Mensch Gott gleichgestellt, wobei das unannehmbare Resultat eine entmenschlichte Welt ist.

In einer weiterführenden Bewegung, die zweite Phase, erweist sich Gott bei Dostojewskij als ein moralisch wertloser Gott. Der Held Karamasov kann durch den Wert der Gerechtigkeit, den er in sich fühlt, den Menschen höher als Gott stellen. Der Mensch ist aber genau deswegen gezwungen, selbst dessen Platz einzunehmen. Die Logik fordert von ihm, moralische Prinzipien festzulegen. Das allerdings ist ihm unmöglich, denn „es gibt keine Tugend, ebenso wenig wie es ein Gesetz gibt: 'Alles ist erlaubt.' " und Camus fährt fort

124 vgl. *MR*, S. 31, Kapitel *Die absolute Verneinung*

125 vgl. *MR*, Kap. *Die Revolte der Dandys*, so z. B. S. 42 „Der Tod wird in der Tat liebenswert werden."

> „Mit diesem 'Alles ist erlaubt' beginnt in Wahrheit die Geschichte des zeitgenössischen Nihilismus."[126]

Der Fehler Iwan Karamasovs sei, so Camus, dass er die Logik der Revolte gegen sie selbst richte, und an der inhärenten Verneinung und Verzweiflung scheitert.

Schließlich nennt er Nietzsche als Vertreter der dritten Phase, die der absoluten Bejahung. Der Glaube an Gott ist nicht nur verloren gegangen, sondern Gott ist auch schon durch den Menschen ersetzt. Darum ist der Mensch zunächst orientierungslos. Daraufhin erkennt er, dass er zum Schöpfer der vernichteten Werte werden *muss*. Er bleibt in völliger Freiheit, aber auch in völliger Ratlosigkeit zurück.

> „Wir haben ihn getödtet, – ihr und ich! Wir alle sind seine Mörder! [...] Irren wir nicht durch ein unendliches Nichts? [...] Gott ist todt. [...] Wohin bewegen wir uns? [...] Gibt es noch ein Oben und ein Unten? Irren wir nicht durch ein unendliches Nichts? [...] Müssen wir nicht selber zu Göttern werden, um nur ihrer würdig zu erscheinen?"[127]

Aber völlig ohne Werturteile ist es nicht möglich zu handeln; es gibt in diesem Falle ja keine Ziele und durch die absolute Gleichwertigkeit würden die Menschen gelähmt und entscheidungslos. Aus diesem 'Gefängnis' der absoluten Freiheit kann man sich nur durch eine uneingeschränkte Bejahung der Welt befreien.

> „Sobald man erkennt, dass die Welt kein Ziel verfolgt, schlägt Nietzsche vor, ihre Unschuld anzuerkennen sowie die Tatsache, dass unser Urteil nicht zuständig ist für sie, da man sie auf keine Absicht hin verurteilen kann, und infolgedessen alle Werturteile zu ersetzen durch ein einziges Ja, eine unumschränkte und begeisterte Zustimmung zu dieser Welt. So wird aus tiefer Verzweiflung die unendliche Lust entspringen, aus der blinden Knechtschaft die Freiheit ohne Gnade."[128]

Daraus konstruiert Camus den Vorwurf des fehlenden Maßes.

---

126 *MR*, S. 49

127 Friedrich Nietzsche, *Fröhliche Wissenschaft,* S. 159 (3. Buch, Aphorismus 125) in: *Kritische Gesamtausgabe*

128 *MR*, S. 61

> „So wird man denn bemerken, dass nicht in Nietzsches Abweisung der Götzen der Mord eine Rechtfertigung findet, sondern in der rasenden Zustimmung, die Nietzsches Werk krönt. Alles bejahen setzt voraus, dass man den Mord bejaht."[129]

Genauso kritisch sieht er die Anforderungen, die Nietzsche an die innere Aristokratie, den Mut und die Hochachtung vor dem Leben stellt. Camus ist vor allem durch den zweiten Weltkrieg der Überzeugung, dass Mittelmaß vorherrscht[130], und so maßgebliche Ansprüche Nietzsches an die Menschen nicht erfüllt werden können. In *Die Pest* ist das ähnlich, wenn Camus dort auch die Betonung auf die Unwissenheit legt. Die Menschen „sind eher gut als böse" aber „...sie sind mehr oder weniger unwissend"[131].

Deutlich wird in den drei Phasen eine aufsteigende Bewegung: von der Verneinung Gottes über die moralische Überlegenheit des Menschen bis hin zu Gottes endgültiger Ersetzung.

Es bleibt als Ergebnis, dass nur der Mensch selbst sich moralische Gesetze geben kann, und dass nihilistische Formeln wie 'Alles ist erlaubt' zur Katastrophe führen. Auch eine maßlose, rasende Bejahung wie bei Nietzsche kann keine Moral begründen. Das kann nur die Revoltebewegung selbst, aber dazu braucht sie genau zu definierende Richtlinien, denn im Übergang von der geistigen Auflehnung gegen Gott zur tatsächlichen, faktischen Revolution gleitet der Rebell allzu leicht in Unrecht ab:

> „Der Rebell wollte im Grunde nur sich selbst gewinnen und sich gegenüber Gott behaupten. Aber er verliert die Erinnerung an seinen Ursprung und nach dem Gesetz eines geistigen Imperialismus ist er auf dem Weg zur Weltherrschaft über Mordtaten ohne Zahl."[132]

---

129 *MR*, S. 65

130 vgl. Todd, S. 274, vgl. dazu auch *TB 1*, S. 279, S. 280

131 Albert Camus, *Die Pest*. Reinbek bei Hamburg: Rowohlt Verlag, 1950, S. 107

132 *MR*, S. 86

2 Die historische Revolte

2.1 Revolte und Revolution

Camus unterscheidet sehr genau zwischen Revolte und Revolution.[133] Die Revolte ist die ursprüngliche, geistige und individuelle Voraussetzung der Revolution. Letztere hingegen wird gesellschaftlich gedacht und bezeichnet den Machtwechsel von einer Regierung zur nächsten.

> „Die Bewegung bricht am Ursprung plötzlich ab. Sie legt nur ein Zeugnis ab, ohne Folge. Die Revolution geht im Gegenteil von der Idee aus. Sie ist gerade die Einführung der Idee in die geschichtliche Erfahrung, während die Revolte nur die Bewegung ist, die von der Erfahrung des Einzelnen zur Idee führt."[134]

Mit 'Erfahrung' ist die Erkenntnis der Absurdität gemeint, gegen die man sich auflehnen muss; mit 'Idee' die davon abgeleitete allgemeine Empörung, die die Triebfeder einer realen Revolution sein kann.

Gleichzeitig verknüpft Camus den Begriff der Revolution mit Gewalt[135] und hebt den 'Looping-Charakter' der Revolutionen hervor, da Regierungen immer wieder gestürzt werden, so dass es noch nie eine wirkliche Revolution gegeben hat, da diese das Merkmal der Endgültigkeit tragen würde.[136] Deshalb und wegen der Herleitung aus der geistigen Situation des absurden Menschen, benutzt Camus statt 'Revolution' den Begriff 'Revolte', um darauf hinzuweisen, dass es ihm immer um den Ursprung der Empörung geht, der den Kern jeder tatsächlichen Revolution ausmacht. Die soziologischen, ökonomischen oder politischen Umstände der historischen

---

133 vgl. *MR*, S. 202

134 *MR*, S. 87/88

135 vgl. *MR*, S. 87, den Unterschied zur Reform, sowie S. 89 „Die meisten Revolutionen gewinnen ihre Form und Originalität durch einen Mord. Alle, oder fast alle, sind menschenmörderisch."

136 vgl. *MR*, S. 88

Revolutionen behandelt er daher in seiner Darstellung als nebensächlich.

> „Es [das Anliegen des Essays] besteht vielmehr darin, in einigen revolutionären Tatsachen die logische Folge, die Illustration und die unveränderlichen Themen der metaphysischen Revolte aufzuzeigen."[137]

Allerdings ist durch den Verzicht Camus', die Facetten der Revolutionen zu untersuchen, die Gefahr einer allzu einseitigen Betrachtung gegeben, da er nur den logischen Zusammenhang zwischen der Auflehnung des absurden Menschen und den tatsächlichen Revolutionen beachtet. Dazu kommt, dass sich der Übertrag der Konzepte der ersten Phase auf die zweite Phase als sehr problematisch erweist. Darauf wird in Punkt C 2.4 (*Kritik*) näher eingegangen. Die Untersuchung Camus' hingegen bewegt sich stets unter der Prämisse, dass die Revolte zwei Ziele verwirklichen will: Freiheit und Gerechtigkeit, und nur aus diesem Gesichtspunkt heraus interpretiert er sie auch.

2.2 Die Revolte als Kampf um Freiheit und Gerechtigkeit

Der Kern der Revolte ist ein Ringen um Freiheit und Gerechtigkeit. Im Revoltierenden, Camus wählt als Beispiel einen Sklaven, wächst das Gefühl ungerecht behandelt zu werden bis zu dem Punkt, an dem er es nicht länger erträgt. Er möchte sich von seinem Herrn lösen, er will frei sein. Und er will die Freiheit, die er gewonnen hat, für alle Sklaven, also will er auch umfassende Gerechtigkeit. Es ist wichtig zu sehen, dass die historische Revolte beides umfasst: die Forderung sowohl nach Freiheit, als auch nach Gerechtigkeit. Für manche Interpreten, wie z. B. Gérmaine Brée liegt die Bewegung der Befreiung vor allem in der metaphysischen Revolte, während die historische Revolte als eine soziale Bewegung nach Gerechtigkeit strebt, was eine Opposition entstehen lässt:

---

137 *MR*, S. 89

> „Die metaphysische Revolte im Namen der menschlichen Freiheit endet in einer uneingeschränkten Forderung nach Freiheit, die sich in eine mörderische, ungerechte Versklavung der Mitmenschen verkehrt; die historische Revolte gegen die soziale Ungerechtigkeit endet in einer uneingeschränkten Forderung nach Gerechtigkeit, die sich in eine mörderische Versklavung der individuellen Freiheit verkehrt."[138]

Die metaphysische Revolte besteht vor allem in der Einsicht, dass die Menschen ihre Werte selbst neu schaffen müssen. Sie revoltieren gegen das Leid, was sich in der Forderung nach Freiheit und Gerechtigkeit ausdrückt. Demnach ist es falsch, das Streben nach Freiheit ausschließlich in den Bereich der metaphysischen Revolte zu legen, denn warum sollte das metaphysische, auf Ideen (gegen Gott) gerichtete Denken die Mitmenschen versklaven?

Die Opposition und Unvereinbarkeit der beiden Ziele stellt für Camus ein großes Dilemma dar, und das Problem der absoluten Freiheit begegnet uns schon in *Caligula*. Wenn die Freiheit eines Einzelnen unumschränkt ist, dann ist notwendigerweise die der Anderen eingeschränkt. Es herrscht das Recht des Stärkeren. Die Kehrseite der Medaille ist die Herrschaft der absoluten Gerechtigkeit. Die individuelle Stimme wird im Namen der Gerechtigkeit zum Verstummen gebracht. Die Freiheit für einen Protest ist nicht mehr gegeben, und so kommt es wiederum zur Tyrannei. Das ist in der Tat der Hauptvorwurf, den Camus den von ihm untersuchten Revolutionen als Ausdruck der Revolte macht.

2.3 Die Analyse der historischen Revolutionen

Wenn Camus die historischen Revolutionen einer Analyse unterzieht, dann geschieht das vor allem im Hinblick auf deren Defekte. Lottman vermerkt zur Frage der Intention Camus' bei der Komposition des *MR*:

---

[138] Brée, *Albert Camus: Gestalt und Werk*, S. 245, dem widerspricht aber z. B. Stuby, *Recht und Solidarität im Denken von Albert Camus*, S. 109

> „Was beabsichtigte er? Nicht weniger, als in aller Gründlichkeit und ausgehend von der historischen Entwicklung die Theorien und Formen der Revolte zu untersuchen. Und dies in der Hoffnung, zu entdecken, warum Ideale sich ins Gegenteil verkehren - warum aus Revolte Mord wird (warum aus Prometheus Cäsar) -, und dann zu versuchen, richtige, ehrliche Wege zu einem notwendigen Aufstand gegen unser gemeinsames Schicksal aufzuzeigen, bei dem das Verbrechen - auch das gesetzliche, staatlich sanktionierte Verbrechen - rigoros ausgeschlossen werden würde."[139]

Das wiederum setzt den Begriff einer idealen Revolte voraus. In dieser Hinsicht vermerkt Philip Thody, dass Camus lediglich zwei positive bzw. gelungene Beispiele einer Revolte nennt. Das sind zum Einen die russischen Revolutionäre von 1905 ('Die zartfühlenden Mörder') und zum Anderen der Anarcho-Syndikalismus.

Allerdings entfaltet Camus die Grundprinzipien, die er für richtig und notwendig für eine Revolte hält, schlüssig und unmissverständlich im Schlusskapitel *Das mittelmeerische Denken*.

Strukturell kann man drei Defekte in den Revolutionen unterscheiden: den Absolutheitsanspruch (z. B. französische Revolution), den inhärenten Nihilismus (z. B. Naziregime) und die ideologische Geschichtlichkeit (Kommunismus). [140] Alle drei Varianten verraten an einem oder mehreren Punkten den Ursprung der Revolte und gleiten deshalb in Folter und Mord ab.[141] Camus geht es offensichtlich darum,

> „[...] einem revolutionären Denken, das die Zukunft der Menschheit zum einzigen Ziel gemacht hat und alles Handeln nur nach seiner Zweckmäßigkeit zur Erreichung dieses Ziels beurteilt, einen Revol-

---

139 Lottman, *Camus: Eine Biographie*, S. 397

140 vgl. z. B. auch Thody, *Albert Camus*, das Kapitel *Der Rebell*; vgl. auch Pechtl, *Kraft und Güte*, S. 89. Bei Pechtl ist die Terminologie von Camus übernommen: biologischer (Hitler) und historischer (Stalinismus) *Cäsarismus*.

141 vgl. Susanne Schaper, *Ironie und Absurdität als philosophische Standpunkte. Ironie und Absurdität als philosophische Standpunkte*. Würzburg: Königshausen und Neumann, 1994, S. 87

> te-Begriff entgegen zu setzen, der den Absolutheitsanspruch des Nihilismus und Materialismus auf seine Rechtfertigung hin befragt."[142]

In Camus' eigenen Worten:

> „Ihr Ziel [der Revolte] ist, umzuformen. Doch umformen heißt handeln, und handeln heißt morgen töten, während man doch nicht weiß, ob der Mord gestattet ist."[143]

Ich möchte diesen Intentionen Camus' folgend, jede der drei oben erwähnten Arten der Revolte anhand jeweils eines von Camus gewählten Beispiels herausarbeiten. Im Anschluss werden die moralischen Prinzipien vorgestellt, die Camus als Gegenentwurf präsentiert, denn Camus' Vorschläge richten sich streng gegen den jeweiligen politischen Missbrauch der oben genannten Systeme.

Die gewählten Beispiele für die Defekte der Revolte lassen sich auch sehr gut aus der Entstehungsgeschichte von *Der Mensch in der Revolte* ablesen. Als 1945 die *Rémarque sur la révolte* erschien, welche dann später fast unverändert die ersten Kapitel von *MR* bildete, beschäftigte sich Camus' Denken vor allem mit den alles andere überschattenden, furchtbaren Ereignissen des zweiten Weltkrieges. 1951 hingegen, als er den Essay abschloss, war die Hauptsorge und das Tagesthema in Paris und Europa der kalte Krieg und der Stalinismus. Nicht von ungefähr fällt der Bruch mit Sartre mit dem Erscheinen von *Der Mensch in der Revolte* zusammen, als alles, was mit der heiklen Frage des Ostblocks zu tun hatte, die Intellektuellen zu einer eindeutigen Pro- oder Kontra-Position veranlasste. Sartre und die meisten anderen Linken standen mehr oder weniger uneingeschränkt auf der Seite des Kommunismus, wobei Sartre stark polarisierte: Wer nicht für den Kommunismus ist, der ist gegen ihn.

Anfang der fünfziger Jahre stand Camus deshalb zwischen allen Stühlen, weil er es ablehnte, klar Stellung für eine Seite zu beziehen und unabhängige und personenbezogene Artikel schrieb, die immer

---

142 Matthias Rath, *Albert Camus: Absurdität und Revolte: Eine Einführung in sein Werk und die deutsche Rezeption,* S. 104

143 *MR*, S. 13

undogmatisch versuchten, den Camus'schen Idealen der Klarsichtigkeit und der Suche nach Wahrheit zu folgen.[144] Camus musste in dieser Situation schließlich auch einsehen, dass er mit dem *Combat* nicht die moralische Vorreiterrolle spielen konnte, die er ihm durch seine Vergangenheit als Untergrundzeitung zugedacht hatte.[145] Als sich die Redaktion des *Combat* 1947 auflöste, und nachdem die Rezeption des *Menschen in der Revolte* durch Jeanson und Sartre sehr ungünstig ausfiel, zog sich Camus dann auch angeekelt von der Tagespolitik zurück:

> „Nach der Veröffentlichung von Homme révolté wandte er der politischen Philosophie und aller ehrgeizigen Versuchungen, das intellektuelle Klima der Zeit zu verbessern, den Rücken."[146]

Aus der langen Entstehungsgeschichte des *MR* heraus verwundert es nicht, dass Camus Hegel und Marx weit mehr Seiten widmet als z. B. dem dritten Reich. Die moralische Nichtigkeit des Hitlerregimes war bereits erwiesen, aber die Diskussion um den Sozialismus voll entbrannt. Camus war sich im Klaren darüber, dass seine niederschmetternde Analyse des russischen Marxismus auf Kritik stoßen würde, und gegenüber so profunden Fürsprechern wie Sartre verteidigt und profiliert werden musste.[147] Schließlich wird die französische Revolution verhandelt, da sie - als Synonym für die Revolutionen der Neuzeit stehend - durch den *Terreur* ihre Ideale nachhaltig verrät und dadurch zum idealen Untersuchungsobjekt avanciert.

2.3.1 Der Absolutheitsanspruch

Die Tötung des Königs Ludwig XVI. wird von Camus als ein Wendepunkt der Geschichte angesehen. In seiner im Folgenden ausge-

---

144 vgl. Todd, S. 589

145 vgl. dazu die 1945 erschienenen Artikel im Combat in: *Essais*, S. 285-307

146 Thody, *Albert Camus*, S. 154; vgl. auch Lottman, *Camus: Eine Biographie*, S. 403

147 vgl. *MR*, S. 202

führten Interpretation konzentriert sich der Prozess gegen den König darauf, nachzuweisen, dass Ludwig als König von Gottes Gnaden Stellvertreter Gottes auf Erden ist, und deshalb außerhalb des 'Contrat Social' steht, der die Bürger miteinander verbindet. Um an die Stelle des Glaubens an Gott das Naturrecht setzen zu können, muss man den Stellvertreter Gottes beseitigen. Gleichermaßen wird das Volk und dessen Gesamtwille verabsolutiert.[148] Der Wille des Volkes ist *immer* vernünftig und universal, und deswegen auch niemals falsch.

> „Wenn der Gesamtwille sich frei ausdrückt, kann er nichts anderes sein als der allgemeine Ausdruck der Vernunft. Wenn das Volk frei ist, ist es unfehlbar. [...] Es ist das Orakel, das man befragen muss, um zu wissen, was die ewige Weltordnung fordert. Vox populi, vox naturae. Ewige Prinzipien lenken unser Verhalten: die Wahrheit, die Gerechtigkeit und die Vernunft. Sie ist der neue Gott."[149]

Der Wille des Volkes wird aufgezeichnet in Gesetzen, die notwendigerweise der vollkommene Ausdruck der Vernunft sind, und formale und absolute moralische Prinzipien widerspiegeln.[150] Ein Bürger, der dagegen verstößt, handelt also gleichermaßen unvernünftig wie unmoralisch, weil er der Tugend entbehrt. Gemäß der natürlichen Vernunft zu handeln, ist das Einzige was als tugendhaft gelten kann. Daran anschließend sagt Camus, dass es in den ersten Jahren nach 1789 als fast unmöglich angesehen wurde, gegen das Gesetz zu verstoßen, weil der Täter damit ja gegen seinen eigenen Willen handeln würde. Seine Kritik besteht in der lakonischen Bemerkung:

> „[...] das Gesetz [sei] seinem Wesen nach der Übertretung geweiht."[151]

Camus' Kritik lautet also: In dem Moment, in dem Prinzipien wie die Vernunft und die Tugend absolut gesetzt werden, wird es notwendig, rigoros alle 'Untugendhaften' auszumerzen, um die Einheit

---

148 vgl. *MR*, S. 95, *Das neue Evangelium* [gemeint ist Rousseaus Contrat Social]

149 *MR*, S. 100

150 vgl. auch Pechtl, *Kraft und Güte*, S. 90f.

151 *MR*, S. 102

des Staates und die zugrunde liegende Idee eines Reiches der Vernunft nicht zu gefährden.[152] Die Moral kapselt sich in Formalität ein, und Mitleid und Mitmenschlichkeit werden darüber vernachlässigt. Damit beginnt der *Terreur*, der Camus zufolge auf die Verabsolutierung und Abstraktion der Vernunft und die für *alle* verpflichtende Tugend zurückzuführen ist. Es kann keine Ausnahmen mehr geben, sonst wäre die Republik gefährdet, und es ist schlichtweg nicht möglich, ein allgemeines Gesetz zu schaffen, weil es immer einige Protestierende geben wird und muss, denen aber die Freiheit ihres Protestes nicht entzogen werden darf.

2.3.2 Der Nihilismus

War es die unbedingte Unterordnung unter das Gebot, der moralischen Vernunft zu folgen, die zu unvorstellbaren Gräueltaten in der Zeit des *Terreurs* geführt hat, so liegt die Immoralität der nihilistischen Bewegungen (philosophisch: Nietzsche; historisch: Hitler) darin, dass sie überhaupt kein moralisches Prinzip anerkennt:

> „Als erste haben sie [Mussolini und Hitler] einen Staat auf der Idee aufgebaut, dass nichts einen Sinn hat und die Geschichte nur der Zufall der Gewalt sei. *Die Konsequenz* ist nicht ausgeblieben"[153]

In einigen Vorbemerkungen zum Faschismus des 20. Jahrhunderts diskutiert Camus, ohne zu einem überzeugenden Ergebnis zu kommen, ob dieser überhaupt als Revolte betrachtet werden darf.[154] Sicher ist für ihn aber sein Charakter einer nihilistischen Revolution.[155]

---

[152] *MR*, S. 102 „Beweist eure Tugend oder geht in die Gefängnisse." oder auch „Entweder die Tugend oder der Terror."

[153] *MR*, S. 145

[154] vgl. *MR*, S. 145, wo Camus sich mehrfach widerspricht, das Problem nicht auflöst, aber anschließend mit der Besprechung fortfährt, und an deren Ende er dem Faschismus abspricht eine Revolution zu sein (S. 152).

[155] vgl. *MR*, S. 145 „[...] Nachfolge der Nihilisten", und „[...] gehören der Geschichte der Revolte und des Nihilismus an."

In *MR* und in *Briefe an einen deutschen Freund* (künftig *BADF* abgekürzt) kommt vor allem einer der Hauptvorwürfe Camus' zum Tragen. Die Faschisten hätten sich der Verzweiflung kampflos hingegeben, die in sich die Demütigung und den Hass trägt, und aus einer nihilistischen Weltanschauung erwächst:

> „Sie fanden sich leichten Sinnes damit ab zu verzweifeln, während ich nie dazu bereit war."[156]

Dieser Vorwurf, und die unbedingte Zurückweisung des Nihilismus zieht sich durch das Gesamtwerk Camus' als roter Faden. Sein dauerndes Bestreben in allen Werken ist es, den Nihilismus als geistige Strömung zu verarbeiten, jedoch *konstruktive* Schlüsse aus ihm abzuleiten, um nicht in Selbstmord, Verzweiflung bzw. Lebensverneinung umzuschlagen, wie es nihilistische Denker tun. Denn er sieht sehr klar, dass es im Grunde nur ein einziges Mittel gibt, der den Nihilismus kennzeichnenden Lebensverachtung entgegen zu wirken: die Liebe zur Welt (Natur), die Liebe zum Leben und zu den Mitmenschen.

Das lässt sich auch an der Gesamtstruktur seines Schaffens festmachen: In der ersten Phase geht es ihm darum, die Verzweiflung und Sinnlosigkeit des Daseins zu überwinden. Das gelingt ihm durch das Konzept der Auflehnung gegen das Absurde. In der zweiten Phase erkennt Camus, dass mehr als individueller, geistiger Kampf nötig ist; die Menschen müssen aus dieser Haltung heraus ihre Solidarität zum Ausdruck bringen, um soziale Umwälzungen erreichen zu können. Darüber hinaus müssen sie moralische Werte, die sie in sich tragen, als Grundlage nehmen, um sich gegen Gewaltherrschaft, wie sie sich in Deutschland gezeigt hat, aufzulehnen. Die dritte Phase führt ihn wieder zum Individuum zurück, das trotz der

---

156 Albert Camus, *Briefe an einen deutschen Freund.* in: *Fragen der Zeit.* Reinbek bei Hamburg: Rowohlt Verlag, 1977, Neuausgabe 1997.Vierter Brief, S. 29; vgl. auch *MR*, S. 146 und S. 151

Absurdität Glück erfahren, und dem Nihilismus die Schönheit der Welt entgegenhalten kann, auch weil es in einer Gemeinschaft lebt.

Die totale Ablehnung und Hass, die Camus dem Nihilismus entgegenbringt, hängt primär mit dessen lebensverachtenden Aussagen zusammen, die wie bei Cioran schon an Todesbesessenheit grenzen.[157] In diesen Aussagen ist der Nihilismus auch selbst nicht konsequent, wie Camus betont, denn einen 'wirklichen Nihilisten' kann es nicht geben, denn dieser hätte sich schon umgebracht:

> „Es gibt keinen völlig nihilistischen Gedanken, außer vielleicht im Selbstmord, [...]"[158]

Das trifft den Nagel auf den Kopf, wie man an den Selbstvorwürfen Ciorans, dass er noch am Leben ist, gut erkennen kann.[159] Die lebensverneinende Haltung kommt als Hass und Verachtung gegenüber anderen Menschen zum Vorschein. Durch die Abwesenheit aller Werte werden der Willkür keine Grenzen mehr gesetzt, und die Verachtung (Negation) prägt allem ihren unmenschlichen Stempel auf. Im Namen der nihilistischen Doktrin, die von Beginn an keinerlei Ethik vorweisen kann, spielen Recht und Gesetz keine Rolle mehr. Die Prinzipien des Staates werden vergöttlicht und das Unternehmen nimmt den Charakter einer Religion an, die Camus den 'Götzendienst des Nihilismus' nennt:

> „Die nihilistische Revolution, die ihren geschichtlichen Ausdruck in der Religion Hitlers fand, hat somit eine maßlose Sucht nach dem Nichts hervorgerufen, das sich am Schluss gegen sich selbst wendete."[160]

---

[157] vgl. *LvZ*, S. 106 „[...] Leichenzukunft, die schon jetzt zu Tage tritt [...] ", S. 24 „Das Leben ist nichts als die Ungeduld, endlich zu verfallen[...] "

[158] *MR*, S. 201; vgl. auch *LvZ* S. 201, der sich selbst als inkonsequent beschimpft, sich noch nicht umgebracht zu haben, und sich als Lebender 'schmutzig' fühlt: „jeder Tag, [...]erinnerte mich daran, dass ich noch lebte, dass ich meine Träume verriet mitten unter Menschen, die vor Leben strotzten. Überanstrengt vom Warten auf das Nichtsein, hielt ich es für eine Pflicht, sich den Leib zu durchbohren[...] "

[159] vgl. z. B. *LvZ*, S. 49, S. 111, S. 219

[160] *MR*, S. 151

Die A-moralität der nihilistischen Ausprägung der Revolte zeigt sich am deutlichsten, weil jegliche Basis einer Moral, nämlich die Solidarität aller Menschen (z. B. durch das Konzept des Untermenschen) geleugnet wurde. Das grausame Resultat war die Schoa. Der absolute Nihilismus zeigt sich nicht nur daran und an den 50 Millionen Toten des Zweiten Weltkriegs, sondern, für Camus, auch am Bestreben Hitlers zu Kriegsende nicht aufzugeben, vielmehr stattdessen noch möglichst viele Menschen mit in den Untergang hineinzuziehen (die sogenannten Nero-Befehle).

Im Gegensatz zu dem als *rationalen* Terror gebrandmarkten russischen Marxismus, der auf einem philosophischen System beruht, versteht Camus das dritte Reich als eine im wesentlichen *irrationale* Doktrin, die auf primitiven Grundzügen fußt, und keine Größen wie Vernunft oder Natur anerkennt.

2.3.3 Die Geschichtlichkeit

Wie auch in der nihilistischen Bewegung (Nietzsche/Hitler) trennt Camus die metaphysische 'Vorarbeit' von Hegel von der tatsächlichen historischen Verwirklichung durch Marx. Es ist vermutlich nicht sehr fruchtbar, sich im Rahmen dieser Arbeit mit Camus' Hegel- und Marx-lektüre auseinander zu setzen, die, wie die Redaktion der *Temps Modernes*[161] oder Thody[162] und Todd[163] bemerkt haben, sich auf eine oberflächliche Kenntnis Hegels selbst und auf wenige Sekundärtexte beschränkt, und durch die überdies erkennbar Camus' eigene Interpretation durchscheint. Aber Camus ging es auch nicht um eine umfassende Hegelkritik, sondern darum, die für

161 vgl. Lottman, *Camus: Eine Biographie,* S. 416

162 vgl. Thody, *Albert Camus*, S. 169 „Der französische Leser findet Camus' Analyse von Marx weitgehend in den Werken von Raymond Aron, Roger Caillois und Jules Monnerot, ..."

163 vgl. Todd, S. 593, er erwähnt die Marxanthologie von H. Lefebvre und M. Rubel, aber auch Aron, S. 617, der sowohl Sartre als auch Camus als inkompetente Marxleser brandmarkt.

Camus' 'unvermeidlichen' Konsequenzen aus seinem Denken zu skizzieren.[164]

Deswegen möchte ich mich der Vollständigkeit halber darauf beschränken, die Verbindung aufzuzeigen, die Camus von Hegel und Marx zu deren Umsetzung über die 'russischen Nihilisten' zum Marxismus führt, wobei sich die Kritik Camus' auf zwei Punkte konzentriert, nämlich die Absolutheit der Geschichte und den damit entstehenden Nihilismus.

Da die Geschichte bei Hegel den bestimmenden, absoluten Platz einnimmt, werden moralische Werte in der Gegenwart zur Bedeutungslosigkeit verurteilt, was alles möglich werden lässt. Hegel ist damit für Camus der Vollender der metaphysischen Revolte, die Gott aus dem Himmel vertrieben hat, denn er setzt den Menschen und seine Geschichte als das Absolute. Weil der Prozess der Geschichte absolut gesetzt wird, gibt es ein in der Zukunft erreichbares Ziel. Diesem Ziel werden Menschen geopfert, weil es gerecht erscheint, der Utopie alles unterzuordnen.

Der zweite Kritikpunkt Camus' befasst sich wieder mit dem zu Tage tretenden Nihilismus. Die Unterordnung der einzelnen Menschen unter ein *zukünftiges* Ziel führt zu katastrophalen Folgen:

> „Denn was bedeutet tatsächlich das Opfer der Menschen, wenn es dem Heil der ganzen Menschheit dient."[165]

Camus führt uns von Hegel in einem Bogen über Revolutionäre wie Belinskij und Bakunin, die Hegel gelesen haben, zu Marx.

Marx ist noch radikaler als Hegel, „Für ihn ist der Mensch nur Geschichte [...]"[166] und das impliziert die Abwertung des Individuums im Rahmen des als Religion auftretenden allmächtigen Staates:

---

[164] vgl. Pechtl, *Kraft und Güte*, S. 96

[165] *MR*, S. 166

[166] *MR*, S. 161

> „Wer wird sich in diesem von Wundermaschinen brummenden Jerusalem noch an den Schrei der Umgebrachten erinnern?"[167]

Im Namen der absoluten kommenden Gerechtigkeit, der sich jeder unterzuordnen hat, wird die Freiheit des Einzelnen im Hier und Jetzt getötet.[168] Gegen Marx wiederum findet man die gleichen Vorwürfe, die Camus auch Hegel macht, was nicht weiter verwundert:

> „Sie [die klassenlose Gesellschaft und ihre Dialektik] ist nur, von unserem Standpunkt aus, nihilistisch, eine reine Bewegung, die alles zu verneinen strebt, was nicht sie ist."[169]

Das zweite Anliegen Camus' ist es, den Nihilismus aufzuzeigen, den er in Hegel, Bakunin und Marx entdeckt. Thody charakterisiert Hegel sogar als doppelten 'Verräter' gegen die Ideale der Revolte im Camus'schen Sinne, denn Hegel akzeptiert nur, was die Geschichte als Endergebnis hervorbringt, und hebt dadurch alle jetzigen Werte auf, was wiederum nihilistische und absolute Züge trägt.[170]

Camus würdigt durchaus die ethischen Forderungen von Marx.[171] Er spricht ihm zu, das Elend und die Erniedrigung der Arbeiter gesehen und auf ihre Würde hingewiesen zu haben, und Marx klagt zu Recht die Besitzenden an, sich ihren Wohlstand durch das Leiden der Arbeitenden verdient zu haben. Seine Größe, so Camus, zeigt sich prägnant im folgenden Satz: „Ein Ziel, das ungerechte Mittel braucht, ist kein gerechtes Ziel." Aber, so fährt Camus fort:

> „Doch da stellt sich wieder die Tragödie Nietzsches ein. Das Streben und die Prophetie sind großzügig und umfassend. Die Lehre war einschränkend, und die Zurückführung jedes Wertes auf die bloße Geschichte ließ die äußersten Konsequenzen zu."[172]

---

167 *MR*, S. 169

168 vgl. *MR*, S. 118 „Hegel vergibt zweifellos die Sünden am Ende der Geschichte. Bis dann wird jedoch die menschliche Handlung schuldig sein."

169 *MR*, S. 182

170 vgl. Thody, *Albert Camus*, S. 160

171 vgl. auch Pechtl, *Kraft und Güte*, S. 99

172 *MR*, S. 170

Das bedeutet in letzter Konsequenz, dass die revolutionären und richtigen Überlegungen von Marx pervertiert wurden, bis sie zu einer Art fanatischen Glauben[173] wurden, den man mit Gewalt verteidigen musste. Am Ende erscheint es nötig, Gegner dieser *Idee* in Lager zu sperren, zu foltern und zu töten. Der historische Determinismus als absolutes Faktum zerstört die menschliche Freiheit. Wenn Camus schreibt, „Aber die totale Freiheit ist nicht bequemer zu erobern als die individuelle."[174], dann will er darauf hinweisen, dass eine allgemeingültige Freiheit immer aus einzeln erkämpften Freiräumen entstehen muss, und nicht von oben, vom Staat verordnet werden kann.

Im Anarchismus des Bakunin[175] ist der Staat das Verbrechen, legitim ist nur Revolution und Gegenrevolution. Ohne sich um den offensichtlichen Widerspruch zu kümmern, sieht Bakunin als Regierungsform die Diktatur vor.[176] Diesen Widerspruch wirft ihm Camus vor und erweitert seine Anklage, indem er ihn beschuldigt, die erstrebte totale Freiheit nur durch vorherige totale Zerstörung zu gewinnen.[177] Als Gegenposition zu Bakunins menschenverachtendem Anarchismus baut er die 'zartfühlenden Mörder' auf. Deren Devise - ein Leben kann nur durch das Leben des Mörders aufgewogen werden -, wird in Punkt C 3.2.3 (*Leben für Leben*) detaillierter besprochen, weil es thematisch den positiven Beispielen in der Revolte zuzuordnen ist.

---

173 siehe auch den sarkastischen Seitenhieb auf S. 153 „Es ist bekannt, dass das Marx-Engels-Institut in Moskau 1935 die Herausgabe von Marxens vollständigen Werken abbrach, während noch über dreißig Bände zu veröffentlichen waren; der Inhalt dieser Bände war zweifellos nicht 'marxistisch' genug."

174 *MR*, S. 190

175 Bakunin behandle ich hier exemplarisch für alle Formen des 'nihilistischen Anarchismus', die Camus erwähnt, wie z. B. Pisarew, Netschajew, Stankewitsch, Belinskij, Kotliarevskij und andere

176 vgl. *MR*, S. 130

177 vgl. *MR*, S. 130 „Doch ist eine Welt ohne Gesetz eine freie Welt? Das ist die Frage, die jede Revolte stellt."

An dieser Stelle sollen Camus' Schlussfolgerungen aus der Untersuchung der Revolte und den Revolutionen zusammengefasst werden. Ausgehend von der metaphysischen Suche nach Einheit, wird die Einheit selbst durch den in der Geschichte stehenden Menschen in die Totalität verwandelt:

> „Der Weg zur Einheit geht also durch die Totalität."[178]

Pechtl sieht deshalb in Anklang zu Lévinas auch bei Camus einen Totalitarismusverdacht gegen die abendländische Metaphysik, der sich geschichtlich manifestierte und zu den Katastrophen des 20. Jahrhunderts führte. Die Totalität zeigt sich darin, dass Weltliches zum Absoluten erhoben wird, um an die frei gewordene Stelle Gottes zu treten. Im Falle der französischen Revolution war es die Vernunft, im Falle des Hegelschen-Marxistischen Systems der zielgerichtete Ablauf der Geschichte selbst. Wenn, wie in der Diktatur des Naziregimes geschehen, nichts an die Stelle Gottes gesetzt wird, ist alles erlaubt, denn wer hat dann noch das Recht etwas zu verbieten?

Die Absolutheit bzw. der Nihilismus zerstören in ihrer Totalität konsequenterweise die ursprünglichen Ziele der Revolte[179], das Bedürfnis nach Freiheit und Gerechtigkeit. In Bezug auf Freiheit kommt es zur folgenden Logik:

> „[...] man muss jede Freiheit töten, um das Reich zu erobern, und das Reich wird eines Tages die Freiheit sein."[180]

In Bezug auf Gerechtigkeit ergibt sich:

> „Die Forderung nach Gerechtigkeit führt am Schluss zur Ungerechtigkeit, wenn sie nicht zuvor durch eine ethische Rechtfertigung der Gerechtigkeit begründet wird. Ohne das wird das Verbrechen eines Tages auch zur Pflicht."[181]

---

178 *MR*, S. 190

179 vgl. dazu Thody, *Albert Camus*, 156ff.

180 *MR*, S. 190

181 *MR*, S. 170

Keines der beiden anzustrebenden Ziele - Gerechtigkeit und Freiheit - kann gewährleisten, dass es im Namen dieser Ideale nicht zu Ungerechtigkeiten bzw. zur Unterdrückung der individuellen Freiheit kommt. Das Fazit Camus' zeigt, dass der bisher beschrittene Weg, mag er auch zu Anfang voll der höchsten Ideale und Tugenden gewesen sein, nicht vor einer Pervertierung der ursprünglichen Moralität schützt und bisher immer in der Destruktion geendet hat.

Deshalb

> „[...] kann die Revolte auf ein moralisches oder metaphysisches Gesetz nicht verzichten, das das geschichtliche Delirium ausgleicht."[182].

Camus leitet nach diesen langwierigen Untersuchungen der Revolutionen berechtigterweise den ihnen allen gemeinsamen Verrat an ihren Ursprüngen und Idealen für eine gerechte Gesellschaft ab. Verallgemeinernd ist er jetzt in der Lage zu sagen, dass, gleichgültig, mit welchen Werten und Versprechungen die Revolutionen angetreten waren, jede ihre Moralität früher oder später einer leeren Versprechung geopfert hat. Mit Camus' Worten ist die Perversion der Revolte dann perfekt, wenn Prometheus sich in Cäsar verwandelt hat.[183]

Die Werte der Revolte bedürfen also notwendigerweise einer Gründung.[184] Diese findet sich in der Unantastbarkeit der menschlichen Würde, die durch die Prämisse einer menschlichen Natur eingeführt wird, sowie der Gemeinschaft der Menschen untereinander, in ihrer Solidarität.

Das sieht auch Thody als erwiesen an:

> „Im Aufbruch seines Protestes bestätigt das Individuum seine Unantastbarkeit des Grundwertes."[185]

---

182 *MR*, S. 204
183 vgl. *MR*, S. 199
184 vgl. *MR*, S. 170
185 Thody, *Albert Camus*, S. 105

Aber er kritisiert Camus an dieser Stelle, weil er die Herleitung aus der Revolte als überflüssig ansieht:

> „Camus' Revolte schafft kein philosophisches Prinzip, das nicht auch vom liberalen Humanismus vertreten würde."[186],

was aber z. B. von Pechtl bestritten wird.[187] Pechtl hat insofern recht, als er Camus vom Humanismus als Verlängerung der alten Metaphysik abgrenzt, aber die Übereinstimmungen sind doch recht groß, auch wenn Camus den Humanismus eher unzulänglich findet.[188]

Durch Werte wie Solidarität kann nach Camus' Meinung der Nihilismus effektiv bekämpft werden. Solidarität und Würde müssen als direkte Gegenposition zu einer nihilistischen aufgefasst werden, wie sie beispielsweise Cioran vertritt. Gerade Wörter wie Würde und Solidarität sind Reizworte für jemanden, der davon ausgeht, dass Andere grundsätzlich nicht verstehbar sind, Kommunikation nur durch Lüge möglich ist[189] und so unüberbrückbare Barrieren zwischen den Menschen aufgetürmt sind[190], also eine fast komplette Isolation herrscht. Ein Nihilist, also jemand der sich, nach Ciorans Definition, nicht belügt, wird aber automatisch unbrauchbar für die Gesellschaft, weil er teilnahmslos und ohne Vorurteile ist:

> „Wer niemandes Partei ergreifen kann, weil jedermann gleichzeitig recht und unrecht hat, weil alles gerechtfertigt und zugleich widervernünftig ist, [...]"[191]

Ihm bleibt nichts anderes übrig, als die Entwurzelung hinzunehmen, die ihn aus der Gemeinschaft der übrigen entfernt und in ein inneres Exil verbannt. Auch unserer Mit-Leidensfähigkeit sind Grenzen gesetzt, hauptsächlich aus Ignoranz und Mangel an Vor-

---

186 Thody, *Albert Camus*, S. 170

187 vgl. Pechtl, *Kraft und Güte*, S. 137 „Er [der Revoltebegriff] hat nichts mit humanistischen Idealismusentwürfen zu tun, [...]"

188 vgl. *TB 1*, S. 276

189 vgl. *LvZ*, S. 54

190 vgl. *LvZ*, S. 26/27

191 *LvZ*, S. 79

stellungskraft.[192] Camus präsentiert also eine Lösung für das Problem des Nihilismus (Solidarität und Würde), die jedoch von Nihilisten von vorne herein völlig ausgeschlossen wird, da Solidarität unmöglich ist. Dieser von außen herangetragenen radikalen Kritik, die nicht unbedingt anerkannt werden muss, lassen sich einige, der Argumentation Camus' inhärenten Mängel hinzufügen.

2.4 Kritik

2.4.1 Bruch von Absurdität zu Sinn

Camus war sich selbst im Klaren darüber, dass der Übergang von einer Position, die allem den gleichen Wert zuwies und eine Moral ablehnte, weil es unmöglich war, im Angesicht des Absurden Werte zu begründen, zu einem sinnstiftenden Standpunkt ein äußerst problematischer war, und es finden sich des öfteren Zweifel in seinen Tagebüchern.[193] Dennoch ist es z. B. nicht akzeptabel, das Leben, das ursprünglich nur Mittel war, um die Absurdität aufrecht zu erhalten, zum Selbstzweck zu befördern:

> „[...] das Leben als das einzig notwendige Gut anerkennt, weil gerade es diese Kluft erzeugt, [...]"[194]

Diese Argumentation, die das Leben als 'Gut' bezeichnet, zerstört übrigens auch Camus' Grundannahme eines absurden Lebens selbst:

> „Bei einer sich selbst als sinnvoll verstehenden Existenz ergibt sich die Problematik des Absurden nicht, da sich diese Frage erst gar nicht stellt."[195]

Somit vollzieht auch Camus selbst den von ihm angeprangerten 'Sprung', um Sinn zu finden:

---

192 vgl. *LvZ*, S. 36

193 *TB 1*, S. 240, S. 233

194 *MR*, S. 9

195 Elisabeth Mairhofer, *Das Absurde und die Würde des Menschen: Albert Camus' Denken im rechtsphilosophischen Zusammenhang*, S. 25

> „*Die Wahrheit ist sogar für den, der sie findet, unannehmbar.* Damit hätten wir den absurden Denker mit seinem ewigen Unbehagen."[196]

Kurze Zeit später wird er noch deutlicher und es findet sich der Tagebucheintrag:

> „Wir können daraus folgern, dass die Welt einen Sinn hat. Denn sie hätte keinen, wenn sie einfach bloß existierte."[197]

Camus ist sich bewusst, dass er sich eigentlich von der ursprünglichen Position lösen müsste, um eine konsistente, moralische Philosophie aufbauen zu können, stattdessen versucht er, einen Übergang zu finden, der aber dementsprechend problembehaftet ist.

2.4.2 *Bruch von metaphysischer zu historischer Revolte*

Wegen seiner oberflächlichen und oft auf Informationen aus zweiter Hand beruhenden Diskussion von historischen Ereignissen wurde Camus wiederholt kritisiert. So greift z. B. der Einwand Thodys, der auf das Vorwort zur englischen Ausgabe von R. H. S. Crossmann hinweist, wo auch positive Revolutionen genannt werden, dass Camus nicht nur

> „[...] die 1688 und 1767 ans Tageslicht getretene Tradition einer Revolte des Bürgertums überging, sondern auch die gesamte Entwicklung der britischen Labour-Partei und der amerikanischen Gewerkschaftsbewegung. In all diesen Fällen entging die Revolte der Entwicklung zum Totalitarismus;"[198]

Dieser Kritik vorgelagert ist die ausschließlich auf Ideen beruhende Behandlung der Revolutionen. Der Bruch von einer gegen die Transzendenz gerichteten Revolte zu einer sich nahtlos im Historischen manifestierenden ist deutlich zu spüren. Das ist der Grund, warum Camus die Ursachen, die ein Geschichtswissenschaftler oder Soziologe z. B. für die französische Revolution angeben würde (wie Hunger, politische Verhältnisse usw.) völlig ausblendet. Denn das

---

196 *TB 1*, S. 260

197 *TB 1*, S. 271

198 Thody, *Albert Camus*, S. 165

würde der These einer im Realen fortgesetzten Rebellion gegen eine ungerechte Transzendenz widersprechen. Camus übergeht, dass Revolutionen durch soziale, ökonomische oder historische Gründe ausgelöst werden.[199] Äußere Umstände bleiben bei den Analysen in *MR* unberücksichtigt, und so bringt sich Camus selbst um die Glaubwürdigkeit seiner Betrachtungen. Sartre kritisiert ihn deswegen, denn er sieht vor allem ungerechte soziale Strukturen, die aber verändert werden können:

> „Wenn ein Kind starb, klagten sie die Absurdität der Welt und jenen tauben und blinden Gott an, den Sie geschaffen hatten, um ihm ins Angesicht speien zu können; der Vater des Kindes jedoch klagte [...] die Menschen an."[200]

Sartre argumentiert weiter, dass die sozialen Ungerechtigkeiten durch einzelne Machtgruppen aufrecht erhalten werden, was eine deutliche Sprache gegen die unverbrüchliche Solidarität aller spricht. Camus war das durchaus bewusst, auch wenn er es größtenteils unerwähnt lässt:

> „Il y a la mort des enfants qui signifie l'arbitraire divin, mais il y a aussi le meurtre des enfants qui traduit l'arbitraire humain."[201]

Begründet ist diese grundlegende Schwäche u. a. durch die innere Struktur seines Gedankenganges, der von der metaphysischen Revolte zu historischen verläuft. Für Camus stellt die historische Revolte den Umschlag der metaphysischen Revolte in die Faktizität dar:

> „In Wirklichkeit ist die Revolution nur die logische Folge der metaphysischen Revolte [...] Indem er [der revolutionäre Geist] Gott ablehnt, erwählt er, infolge einer scheinbar unvermeidlichen Logik, die Geschichte."[202]

---

199 vgl. auch Thody, *Albert Camus*, S. 168

200 Jean-Paul Sartre, *Antwort an Albert Camus.* in: *Porträts und Perspektiven.* Reinbek bei Hamburg: Rowohlt Verlag, 1968, S. 95

201 Albert Camus, *Interview avec Émile Simon dans La Revue du Caire*, 1948 in: *Essais*, S. 380

202 *MR*, S. 87

Eine Ablösung von Gott, also eine *geistige* Revolte, soll gültig werden für historische bzw. soziale Ereignisse. Das ist nicht ohne Bruch möglich, und gelingt nicht überzeugend, spiegelt es doch im Wesentlichen die Transition der geistigen Position des jungen Camus wieder, die in erster Linie um die Möglichkeit kreist, wie ein individueller Lebensentwurf in der Absurdität gelingen kann, zum als notwendig empfundenen Entwurf einer Moral, die als Abwehr totalitärer Regimes taugen musste.[203]

Die Notwendigkeit des Übergangs vom *Mythos* über die *BADF* zu *MR* ist einsehbar: Camus musste sich nach 5 Jahren Krieg philosophisch von seiner Ausgangsposition ohne Werte lösen, nachdem er sich auch persönlich vom Pazifisten zum Kämpfer gewandelt hatte.[204] Er hatte sich zwar insofern davon abgesetzt, als er das Leben als eine Auflehnung gegen das Absurde definiert hatte, aber der Gedanke der Sinnlosigkeit und des Nihilismus stand ihm noch so nahe, dass er im *Mythos* jede Moral ablehnte, und erst in den *BADF* ein zögerliches Benennen von moralischen Werten vornimmt:

> „Sie haben nie an den Sinn dieser Welt geglaubt und sind dabei zum Schluss gekommen, dass alles gleichwertig sei und Gut und Böse nach Belieben definiert werden könnten. [...] Daraus haben Sie geschlossen, dass der Mensch nichts sei und man seine Seele töten könne, [...] Und in Tat und Wahrheit sah ich, der ich gleich zu denken wähnte wie Sie, kaum ein Argument, das Ihnen widersprochen hätte, außer einem heftigen Bedürfnis nach Gerechtigkeit, das mir schließlich ebenso unvernünftig vorkam wie irgendeine plötzliche Leidenschaft."[205]

Um zu einer Beschreibung eines sozialen Phänomens seine ontologische Bestimmung der Welt einsetzen zu können, greift Camus zu zwei Kunstgriffen. Er *verschiebt* erstens den Begriff der Revolte und blendet zweitens die historischen und sozialen Gründe von Revolutionen aus, und reduziert sie so auf ihre geistigen Wurzeln. War im

---

[203] Camus lehnt im übrigen jeglichen Historismus ab, vgl. dazu Todd, S. 472

[204] vgl. Todd, S. 359

[205] Camus, *BADF*, Vierter Brief, S. 28

Mythos die Auflehnung noch gegen die Absurdität gerichtet und als Unversöhnlichkeit des einzelnen Lebens mit seinem absurden Schicksal definiert, wird sie in *MR* verschoben zur Auflehnung gegen soziale Ungerechtigkeit.[206]

Die 'schweigende Welt' die dem fragenden Menschen vor allem eine durch nichts zu ändernde Gleichgültigkeit entgegengebracht hat, wird jetzt zur *Ursache* der Ungerechtigkeit. Dazu muss man kritisch bemerken, dass diese Argumentation den Begriff der schweigenden Welt bei weitem überfordert. Wie sollte sie Ursache für etwas sein? Deshalb führt Camus auch die metaphysische Revolte als gegen Gott gerichtet ein, der für das Leiden verantwortlich ist. Das überrascht, denn gemäß seiner oben ausgeführten Logik der Praxisbezogenheit, die es für irrelevant befindet, ob Gott existiert oder nicht, da er außerhalb des menschlichen Fassungsvermögens liegt, wäre es konsequenter, wenn Camus sich allein darauf fixierte, dass Leid existiert, ob durch Gott oder nicht. Der Grund ist einleuchtend: Wenn die Argumentation von der metaphysischen zur historischen Revolte verlaufen soll, dann wäre es unangebracht, das Leid ausschließlich auf die Menschen zurückzuführen, denn dann wäre die Begründung der Notwendigkeit der Revolte in einer metaphysischen Tatsache unhaltbar. Camus legt genau deshalb, um den Übergang plausibler zu gestalten, Wert auf die Unterscheidung zwischen Revolte (individuell und geistig) und Revolution (sozial).

3 Moralische Gegenentwürfe

Der bisherige Gang der Arbeit hat die philosophische Ausgangssituation Camus' geschildert, sowie dessen Bemühungen, eine Kritik der Moral der europäischen Geschichte seit der französischen Revolution zu etablieren. Methodisch stellt sich das erste als Standortbestimmung, das zweite als Moralanalyse dar. Was ihm zu tun blieb, war ein Gegenentwurf, der die entdeckten moralischen Defekte der

[206] vgl. *MR*, S. 85f., S. 235/36

untersuchten Revolutionen ausgleichen konnte, bzw. gänzlich vermied. Diese Anfänge finden sich in den letzten Kapiteln des *MR* (*Das mittelmeerische Denken*) und in den *BADF*, wo ein erster Versuch gemacht wird, aus der bisherigen, individuellen Philosophie Solidarität zu entwickeln, und damit eine neue Moral aufzubauen.

3.1 Solidarität und Menschenwürde

3.1.1 Camus

Wir haben schon festgehalten, dass Camus, vor allem durch die Erfahrungen des zweiten Weltkrieges geprägt, die Notwendigkeit sah, eine Weiterentwicklung der einsamen individuellen Position (die der Auflehnung) des absurden Menschen zu versuchen.[207] Das unternimmt er im *MR*, wo er die Revolte als gesellschaftliches Phänomen auffasst und so den Übergang von individueller zu gemeinschaftlicher Revolte vollziehen kann.[208]

Camus stellt fest:

> „Der erste Fortschritt eines von der Befremdung befallenen Geistes ist demnach, zu erkennen, dass er diese Befremdung mit allen Menschen teilt und dass die menschliche Realität in ihrer Ganzheit an dieser Distanz zu sich selbst und zur Welt leidet."[209]

Der fast schon wunderbar zu nennende Schritt, der auch heftige Kritik hervorgerufen hat[210], und der den einzelnen absurden Menschen ohne jegliche Hoffnung wieder zurück in die Gemeinschaft der anderen führt, besitzt für Camus den gleichen Stellenwert wie das *cogito* Déscartes':

---

207 Camus, *BADF*, Dritter Brief, S. 25, und Vierter Brief, S. 29

208 vgl. *MR*, S. 21 „In der Erfahrung des Absurden ist das Leid individuell. Von der Bewegung der Revolte ausgehend, wird ihm bewusst, kollektiver Natur zu sein; es ist das Abenteuer aller."

209 *MR*, S. 21

210 John Cruickshank, *Albert Camus and the Literature of Revolt*, S. 116 „The final pages strike one as an unsuccessful attempt to run a fundamentally negative argument into a positive one."

> „In unserer täglichen Erfahrung spielt die Revolte die gleiche Rolle wie das 'Cogito' auf dem Gebiet des Denkens: sie ist die erste Selbstverständlichkeit. Aber diese Selbstverständlichkeit entreißt den einzelnen seiner Einsamkeit. Sie ist ein Gemeinplatz, die den ersten Wert auf allen Menschen gründet. Ich empöre mich, also sind wir."[211]

Pechtl fasst das zurecht auf als eine

> „[...] Gemeinsamkeit aller gegen die Totalität, verstanden als Totalität eines ungerechten Gottes, eines ungerechten So-Seins, oder einer ungerechten Geschichte."[212]

Die Revolte ist auch deshalb nicht egoistisch[213], weil es sehr wohl Menschen gibt, die wegen der ungerechten Behandlung anderer revoltieren, und weil z. B. ein Sklave, der für sich die Freiheit beansprucht, sie auch immer zugleich für alle anderen wollen muss. Revolte und Solidarität sind daher bei Camus eng miteinander verwoben. Die Revolte verliert ihre Rechtfertigung und wird ohne Solidarität Zustimmung zum Mord:

> „[...] Grundlage dieses Wertes ist die Revolte selbst. Die Solidarität der Menschen gründet in der Bewegung der Revolte, und sie findet ihrerseits die Rechtfertigung nur in dieser Komplicenschaft. Wir sind also zu sagen berechtigt, dass jede Revolte, die diese Solidarität leugnet oder zerstört, sofort den Namen Revolte verliert und in Wirklichkeit zusammenfällt mit einer Zustimmung zum Mord.[214]

Während Camus also die Solidarität sehr hoch gewichtet, haben ihr Interpreten wie Annemarie Pieper zu Unrecht eher geringen Wert zugemessen:

> „Die solidarische Gemeinschaft der Menschen untereinander vermag zwar qualitativ an der Absurdität der Welt nichts zu ändern: die Faktizität des Absurden ist unaufhebbar. Aber sie vermag quantitativ etwas auszurichten, indem sie sich bemüht, wenigstens das

211 *MR*, S. 21

212 Pechtl, *Kraft und Güte*, S. 220

213 vgl. *MR*, S. 16 „Zunächst wird man festhalten, dass die Bewegung der Revolte ihrem Wesen nach nicht egoistisch ist."

214 *MR*, S. 21

> Leid zu verringern, das Menschen von Menschen zugefügt wird.".[215]

Sehr eindrücklich kommt die Solidarität auch in der Erzählung *Der treibende Stein* zum Tragen. D'Arrast, der Protagonist, reist in den Urwald Brasiliens in eine zunehmende Entfremdung. Die armen Bewohner der Hütten zeigen sich feindselig[216], er kann ihre Sprache und ihre Kultur nicht verstehen, und auch den Sinn des nächtlichen Rituals nicht. Der Koch ist überdies der letzte, mit dem D'Arrast Ähnlichkeiten entdecken kann, schon allein des Gelübdes wegen, das ihm unsinnig erscheint. Aber schon da zeigt sich trotz aller so sorgfältig von Camus aufgebauten Differenzen die alles umgreifende Solidarität:

> „D'Arrast verspürte eine unbestimmte Gereiztheit. Was hatte er mit diesem unsinnigen Gelübde zu schaffen? Aber er blickte in das schöne, offene Gesicht, das ihm vertrauensvoll zulächelte und dessen braune Haut von Gesundheit und Leben glänzte."[217]

Schließlich beweist D'Arrast durch das Übernehmen des Steines, dass er, gebunden durch die Solidarität, die Verantwortung und Begegnung ist, eben diese Pflicht ernst nimmt. Die Verantwortung bleibt bestehen durch den Stein in der Mitte der Hütte als Versprechen.

Indem er den Stein in die Hütte und nicht in die Kirche trägt, betont er das Unter-den-Menschen-sein, die starken Bande, die die Menschen präreflexiv verbinden. D'Arrast ist *Sisyphos* und seine Einsamkeit wird durch die Aufnahme in der Hütte durchbrochen; er wird durch das „Setz dich zu uns"[218] glücklich.

Auch in der Kurzgeschichte *Die Stummen* wird der bedeutende Rang der Solidarität in Camus' Moral unterstrichen, da sie zuerst die

---

215 Pieper, *Albert Camus*, S. 133

216 vgl. Albert Camus, *Der treibende Stein*. in: *Jonas oder der Künstler bei der Arbeit*. Reinbek bei Hamburg: Rowohlt Verlag, 1998, S. 226

217 Camus, *Der treibende Stein*, S. 233

218 Camus, *Der treibende Stein*, S. 252

Arbeiter untereinander gegen den Chef verbindet, dann aber – der Krankheit der Tochter des Chefs wegen – auch diese Opposition überwindet, und somit auch auf 'Feinde' erweitert wird.

Freilich erfordert dieser hohe Status der Solidarität eine Rechtfertigung. Wenn man nachvollziehen kann, dass der Nächste ähnlich im Kampf gegen das Absurde ist, dann wird man auch seine Entwicklung mit Staunen wahrnehmen, die Camus als etwas Großartiges und Würdevolles beschreibt. Aber auch das reicht noch nicht aus. Im Rückgriff auf die furchtbaren Verbrechen, die z. B. im dritten Reich begangen worden sind, und wo gerade der Wert einiger Menschen (Juden, Slawen, Nichtarier) geleugnet wurde, muss man einen allen Menschen zukommenden, gemeinsamen inneren Wert finden.

Camus postuliert die Menschenwürde, die in der Revolte immer schon zum Ausdruck kommt.[219] Jeder Mensch ist ein Individuum mit 'gewissen unveräußerlichen Rechten', wie das Recht auf Freiheit und Selbstbestimmung. Die tiefe innere Würde, die ein Mensch durch seinen Protest entdeckt, wird für ihn zum 'höchsten Gut'. So schreibt Camus in den *BADF:*

> „Ihr abschätziges Lächeln wird sagen: was heißt das, den Menschen retten? Ich aber schreie es Ihnen mit jeder Faser meines Herzens zu: es heißt, ihn nicht zu verstümmeln, und es heißt, der Gerechtigkeit, die er als einziger sich vorzustellen vermag, ihre Chance gewähren."[220]

So notwendig es nach Auschwitz erscheint, eine absolute Menschenwürde zu postulieren, die niemals außer Kraft gesetzt werden kann, so fraglich ist es gerade durch diese Erfahrung. Gerade weil die Schlächter der Konzentrationslager manchen Menschen von vornherein diese Rechte und Würde nicht zubilligten, hatten sie die

[219] *MR*, S. 19 „Scheinbar negativ, da sie nichts erschafft, ist die Revolte dennoch zutiefst positiv, da sie offenbart, was im Menschen allezeit zu verteidigen ist."; vgl. auch S. 14 „[...] enthält jede Revolte eine völlige und unmittelbare Zustimmung des Menschen zu einem Teil seiner selbst.", sowie S. 15

[220] Camus, *BADF*, Vierter Brief, S. 29

Handhabe, sie umzubringen. Wenn man, wie sie, überzeugt war, keine Menschen, sondern so etwas wie Ungeziefer zu vernichten und die Menschheit dadurch von einer Plage zu befreien, dann wurde Mord zur Pflicht.

Gerade hier zeigt sich der nihilistische Hintergrund: wenn man wie Hitler der Überzeugung ist, dass keinerlei moralische Regeln gelten, also das Recht des Stärkeren entscheidet, dann ist eine Menschenrechtscharta nicht das Papier wert, auf dem sie steht.

Für diejenigen, die den Faschismus bekämpften, war es freilich die Leitlinie ihres Handels, der ihnen das Eingreifen gebot, und was schließlich am 10. Dezember 1948 in der *Allgemeinen Erklärung der Menschenrechte* als Reaktion auf die Erfahrungen des zweiten Weltkrieges schriftlich niedergelegt wurde.[221]

Bei Camus zeigen schon die vorsichtigen Formulierungen, dass er sich der Schwierigkeiten wohl bewusst war, die es mit sich brachte, von einer menschlichen Natur zu sprechen:

> „Die Analyse der Revolte führt mindestens zum Verdacht, dass es, wie die Griechen dachten, im Gegensatz zu den Postulaten des heutigen Denkens eine menschliche Natur gibt. Weshalb revoltieren, wenn es nicht an sich etwas Dauerndes zu bewahren gibt." [222]

Denn damit postuliert er einen unveränderlichen Kern, ein 'Selbst', das in jedem Menschen zu jeder Zeit, gleichgültig aus welcher Kultur er stammt, zu finden ist. Camus hegt zwar daran auch Zweifel, wie es z. B. in folgender Tagebuchnotiz zum Ausdruck kommt, „Aber wenn es ein Wesen des Menschen gibt, woher kommt es?"[223], aber prinzipiell steht die Würde des Menschen für Camus niemals außer Frage, auch wenn er sich außerstande sieht, sie zu begründen. Das bedeutet auch, dass er es vermieden hat, sich theoretisch-philosophisch damit auseinander zu setzen, was hingegen Richard Rorty

---

[221] *http://www.uno.de/themen/menschenrechte/menschenrechte/UDHR.htm*

[222] *MR*, S. 16

[223] *TB 1*, S. 346

nicht als Schwäche sieht, und trotz einem Verzicht auf deren Begründung zu fast identischen Ergebnissen kommt.

3.1.2 Rorty

Eine ähnliche Haltung zur Solidarität findet man bei Richard Rorty, der jedoch bewusst auf eine Gründung der Werte verzichtet. Seine Position ist deshalb so interessant, weil auch für ihn in moralischer Hinsicht die Forderung nach Solidarität, individueller Freiheit und Menschenwürde an erster Stelle steht, er aber ausdrücklich auf das Fehlen einer allgemeinen 'menschlichen Natur' hinweist, und die Behauptung aufstellt, dass eine Suche danach eher schädlich als nützlich ist. Rorty wehrt sich wiederholt gegen die Vorstellung, es gäbe einen 'Kern des Selbst', den es als moralische Grundlage oder obersten Wert zu entdecken gilt.[224]

Rorty, der sich selbst als Pragmatiker bezeichnet, differenziert in einem ersten Schritt die Menschen als von verschiedenen Kulturen geprägt. Diese Sozialisation ist kontingent, was nach sich zieht, dass die Vorstellung einer universellen menschlichen Gemeinschaft kulturell völlig unterschiedlich ist, wenn es sie überhaupt gibt. Eine allen verbindliche Solidarität kann nicht gegeben sein, dazu ist dieser Begriff viel zu allgemein und abstrakt:

> „Allein dadurch, dass wir alle Menschen sind, haben wir noch keine Gemeinsamkeiten."[225]

Dieser kulturelle Unterschied wird bei Camus weitgehend übergangen, weil Camus davon ausgeht, dass das Erkennen der Absurdität alle *diese* Menschen sofort und ohne Hinsicht auf Rasse, Alter oder Kultur verbindet. Nebenbei bemerkt, legt das eine allen Menschen innewohnende Gemeinsamkeit nahe, denn die 'Erkenntnis der

---

[224] Richard Rorty, *Kontingenz, Ironie und Solidarität.* Frankfurt am Main: Suhrkamp Verlag, 1989, S. 305 [im Folgenden mit KIS abgekürzt]

[225] *KIS*, S. 287

Absurdität' wartet als metaphysische Realität darauf, entdeckt zu werden, als die 'ehrlichste' Art, sein Leben zu führen.

Allerdings beschränken sich Rorty wie Camus vorsichtshalber auf die westliche Denktradition. Für Rorty hat sie als Menschentypus die „liberale Ironikerin"[226] und als Staatsform die „liberal democracy"[227] hervorgebracht.

Beide Denker weisen auf die alles überragende Bedeutung der Solidarität als erstem moralischen Orientierungspunkt hin, vor allem in Zeiten des größten Unrechts wie der des dritten Reiches.

> „Aber in Auschwitz-Zeiten, wenn die Geschichte in Aufruhr ist und traditionelle Institutionen und Verhaltensmuster zusammenbrechen, brauchen wir etwas, das jenseits von aller Geschichte und allen Institutionen steht. Was kann das anderes sein als Solidarität unter den Menschen, als wechselseitige Erkennen der Menschlichkeit, die uns allen gemeinsam ist?"[228]

Der Unterschied besteht hauptsächlich darin, dass Camus der Tradition Kants folgend, meint, man sollte sich der Ähnlichkeit – dem Menschsein – zu Anderen bewusst werden, dann würde man sie auch wie 'Brüder' behandeln. Rorty differenziert an dieser Stelle und argumentiert, dass Menschen immer die eigene Gruppe ('Wir', z. B. wir Deutschen) gegen die Anderen ('Die') stellen. Einem Verwandten oder Freund innerhalb einer kleinen, lokal begrenzten Gruppe wird viel eher geholfen als einem Fremden. Die philosophische Tradition hingegen lässt diese Unterscheidung meist nicht zu und verweist auf die Gleichheit aller Menschen. Für Rorty hat sich aber in der Geschichte gezeigt, dass ein Satz wie „Er ist ein Mensch wie du" zu allgemein, zu abstrakt ist, um moralische Entscheidungen zu beeinflussen.

---

226 vgl. *KIS*, S. 128

227 Richard Rorty, *Priority of Democracy to Philosophy*. in: *Objectivity, relativism, and truth: philosophical papers I*. Cambridge, New York, Melbourne: Cambridge University Press, 1991, S 178

228 Rorty, *KIS*, S. 305/306; vgl. auch *BADF*, Vierter Brief, S. 27ff.

Es gilt vielmehr, diese gemeinschaftsstiftenden Rubriken des 'Wir' auszuweiten, d. h. eine möglichst große Anzahl Menschen mit einzubeziehen und eine Identifikation zu ermöglichen; im Falle der verfolgten Juden im dritten Reich dürfe es nicht, wie z. B. in Belgien dazu kommen, dass

> „[...] Erklärungen, warum 'sie ist Jüdin' so oft mehr ins Gewicht fiel als 'sie hat, wie ich, kleine Kinder'."[229]

Rorty ist der Meinung, dass es *das* Zeichen von Toleranz und Solidarität in einer liberalen Demokratie sei, die Menschengruppe, die man als 'Wir' im Gegensatz zu 'Die' bezeichnet, möglichst groß zu fassen.[230]

Was die Menschenwürde angeht, die die Tradition weitgehend auf einen 'unwandelbaren menschlichen Kern' zurückgehen lässt, und die Camus in der Revolte entdeckt, übt Rorty scharfe Kritik. Für ihn ist die 'menschliche Natur' ein veraltetes metaphysisches Konzept, das keine reale Existenz besitzt. Ohne die traditionelle Rückbeziehung wandelt sich deshalb auch seine Auffassung dessen, was ein Mensch sei, radikal:

> „By contrast, the view that human beings are centerless networks of beliefs and desires and that their vocabularies and opinions are determined by historical circumstance allows for the possibility that there may not be enough overlap between two such networks to make possible agreement about political topics, or even profitable discussion of such topics."[231]

Wie gelingt es ihm aber, unter Verzicht auf die oben genannten Konzepte, die menschliche Würde, die in der Erklärung der Menschenrechte ihre entsprechende Ausformulierung findet, zu postulieren? Rorty nimmt dazu in dem Aufsatz *Human Rights, Rationality, and Sentimentality* Stellung. Wann immer es zu Menschenrechtsverletzungen kommt, sei es von Serben gegen Moslems, sei es von Wei-

---

229 *KIS*, S. 308

230 vgl. *KIS*, S. 115 und S. 309

231 Rorty, *Priority of Democracy to Philosophy*, S. 191

ßen gegen Schwarze, die Täter sehen sich selbst meist nicht als Menschenrechtsverletzer, weil sie ihre Opfer gar nicht als Menschen akzeptieren. Dieses auf den ersten Blick seltsame Argument gewinnt an Schärfe, wenn wir überlegen, unter welchem Blickwinkel wir z. B. die Nazischlächter in den Konzentrationslagern oder extreme religiöse Fundamentalisten betrachten; ihnen geht jedenfalls etwas ab, was für uns essentiell zum Menschsein gehört. [232]

Ein Verweis auf die Menschenrechte ruft im Gegenteil *moralische* Entrüstung hervor, weil man die eigene Gruppe von diesen 'Tieren' abgrenzen muss, weil daraus der Stolz und die Identität erwächst. Rorty ist der Ansicht, dass, wie schon weiter oben bei der Solidarität gesehen, der Bezug auf so etwas Abstraktes wie Menschenrechte nicht praktikabel ist. Wiederum ist die kleine bekannte Gruppe wichtiger als der Verweis auf die Zugehörigkeit des Fremden zur menschlichen Rasse. Als Lösung bietet Rorty die Erweiterung der 'Wir'-Gruppe an, was nur dann erfolgreich sein kann, wenn die Selbstidentität nicht mehr von Abgrenzung abhängt, was auf eine liberale, hoch gebildete Demokratie hinweist. In der Tat kann das durch eine jahrhundertelange Tradition von Büchern einer bestimmten Sorte erreicht werden[233], und Rorty vertritt in dem Aufsatz *Priority of Democracy to Philosophy* zudem die Meinung, dass moderne Demokratien in Hinblick auf Stabilität und Rechtfertigung[234] soweit in ihrem geschichtlichen Prozeß gereift sind, dass sie auf eine Begründung verzichten können, warum sie Gerechtigkeit als einen der obersten Werte setzen, oder dass sie Menschenrechte auf eine 'menschliche Natur' zurückführen. Allerdings übersieht er die Tatsache, dass die Bücher, die das ermöglichen, ja gerade auf der Tradi-

---

232 Richard Rorty, *Human Rights, Rationality and Sentimentalit,* S. 167/168 in: *Truth and Progress: philosophical papers 3.* Cambridge, New York, Melbourne: Cambridge University Press, 1998; vgl. auch ebd, S. 168ff., die Behandlung Anderer als 'Kinder', z. B. Schwarze als 'boys', die unsere Erziehung brauchen, um so zu sein wie wir.

233 vgl. *KIS*, S. 229ff.

234 Rorty, *Priority of Democracy to Philosophy*, S. 178ff., vgl. auch *KIS*, S. 213

tion fußen, die die menschliche Würde als unantastbar und alle Mitmenschen als unbedingt gleichwertig sieht.

Gerade die Unterscheidung zwischen 'Wir' und 'Sie', die eine Gewichtung der Solidarität nach sich zieht und eine universale Solidarität in der Praxis zunächst als unmöglich erscheinen lässt, erzeugt bei Camus massive Probleme, was sich auch deutlich im Dilemma der Gewalt zeigt. Wie kann man Mitmenschen bekämpfen oder töten, wenn doch alle Menschen ein unzertrennbares Band durch ihr Menschsein verbindet?

3.2 Das Dilemma der Gewalt

Camus ist vor allem ein Pragmatiker, der konkrete Lösungen für die von ihm als die am drängendsten gesehenen Probleme erarbeiten will. Im Sinne dieser Haltung ist auch der Anfang des *MR* zu verstehen, wo er zunächst feststellt, dass es nicht um Metaphysik gehen kann, wenn in unserem Jahrhundert Millionen von Menschen getötet worden sind. Für ihn ist Ethik eminent wichtig, weil sie Praxis ist, weil es ihr um die Bewertung des täglichen Handelns geht. Folgerichtig fragt er nach der Moralität des Handelns:

> „Wir wissen nichts, solange wir nicht wissen, ob wir das Recht haben, den andern vor uns zu töten oder zuzustimmen, dass er getötet werde. Da jede Handlung heute direkt oder indirekt in einen Mord einmündet, können wir nicht handeln, bevor wir nicht wissen, ob und warum wir töten sollen. Wichtig ist zunächst nicht, zu den Wurzeln der Dinge hinabzusteigen, sondern zu wissen, wie man sich in der Welt, wie sie nun einmal ist, verhalten soll. In der Zeit des Neinsagens konnte es nützlich sein, das Problem des Selbstmordes zu erörtern. In der Zeit der Ideologien muss man sich mit dem Mord auseinandersetzen."[235]

Camus spricht von der 'Zeit der Ideologien'. Hier bietet sich sofort eine einfache Lösung an. Man enthält sich jeglicher Zustimmung zu Ideologien, bleibt passiv und stellt sich außerhalb des politischen Lebens. Überspitzt gesagt wäre das die Haltung des Quietismus

[235] *MR*, S. 8

oder die eines Eremiten. Das ist für Camus unannehmbar, denn diese Enthaltung beinhaltet in Wahrheit eine stille Zustimmung zu dem Mord an anderen:

> „Man beschließt also, gar nicht zu handeln, was zum mindesten darauf hinausläuft, den Mord des andern hinzunehmen, [...]" [236]

Es ist die feste Überzeugung Camus', dass Mitläufertum (wie z. B. während des Naziregimes) eine gewaltige Mitschuld am geschehenen Unrecht trägt. Es ist die Pflicht jedes Menschen dagegen mit seiner ganzen Existenz zu revoltieren. Der Mut zur Auflehnung gereicht dem Einzelnen zum Stolz und macht seine Würde aus[237]; vice versa gedeiht Tyrannei und Gewaltherrschaft nur durch Mitläufertum und Feigheit.[238]

Das große Problem, das sich aus diesem Engagement ergibt, ist die Anwendung von Gewalt in den Revolutionen selbst. Mit Revolution wird Gewalt und Mord assoziiert, denn ohne Gewalt wird sich ein Umsturz der Machtverhältnisse nicht bewerkstelligen lassen. Aber in dem Moment, wo Gewalt gebraucht wird, stellt sich der Revoltierende in eine Reihe mit Diktatoren und verrät seine Ideale. Dieses Dilemma, das für Camus im Herzen der Revolte wohnt, kann *nicht* aufgelöst werden, und die Revolte lebt deshalb in dauernder Spannung zwischen den Polen Untätigkeit (Zustimmung zum Mord) und aktiver Revolte (selbst zum Mörder zu werden)[239]:

> „La violence est à la fois inévitable et injustifiable."[240]

---

236 *MR*, S. 9

237 vgl. Camus, *BADF*, Erster Brief, S. 11ff.

238 vgl. Albert Camus, *Der Belagerungszustand,* die Person des Diego in: *Dramen*

239 vgl. *MR*, S. 230 „Er [der Revoltierende] kennt das Gute und tut das Böse gegen seinen Willen. [...] Wenn er auch nicht immer direkt oder indirekt ums Töten herumkommt, kann er auf jeden Fall sein Fieber und seine Leidenschaft darauf wenden, die Aussichten des Mords in seiner Umgebung zu vermindern."

240 Albert Camus, *Deux Réponses à Emmanuel D'Astier de la Vigerie*, S. 355 in: *Essais*

Daraus ergibt sich die Frage, ob und wann Gewalt gerechtfertigt ist, und ob ein, wenn auch fragiles, Gleichgewicht gewahrt werden kann, das auf moralischen Grundwerten ruht.

3.2.1 Die Todesstrafe

Eine der verachtenswertesten Formen der Gewalt ist die Todesstrafe. Sie ist nach Camus' Ansicht nichts weiter als ein institutionalisierter Mord. Bemerkenswerterweise stand Camus, der fanatische Gegner der Todesstrafe, ihr nicht immer ablehnend gegenüber. Wenn es um die Behandlung der Kollaborateure ging, schreibt Todd, dass Camus ganz zu Anfang die Todesstrafe nicht ausschließt.[241] Viele seiner Kameraden von *Combat* waren tot, und Camus schreibt erzürnt: „Wer wagt hier von Vergebung zu sprechen?"[242] Erst durch die Kontroverse mit Mauriac[243] ändert er seine Meinung und wird in der Folgezeit einer der entschiedensten Gegner der Todesstrafe, wobei sich in dem etwa 50 Seiten langen Essay *Die Guillotine* seine Hauptargumente finden lassen. Ich beschränke mich hierbei auf eine knappe Zusammenfassung, weil der Essay kaum Camus-spezifisches Gedankengut enthält. Darüber hinaus befinden sich die Argumente und Gegenargumente in der *Guillotine* unter dem Reflexionsniveau beispielsweise des *MR,* und sind erst dann von Interesse, wenn das dort vorgebrachte Hauptargument, – die Solidarität aller gegen den Tod[244] –, missachtet wird. Die Argumentation ist allerdings insofern von Interesse, als sie ein weiterer Beleg für die Ablehnung von Gewalt, insbesondere der von Staaten ausgehenden Gewalt ist, und die Arbeit dahingehend vervollständigt.

---

241 vgl. Todd, S. 406

242 Lottman, *Camus: Eine Biographie*, S. 284

243 vgl. Albert Camus, *Actuelles I* in: *Essais*; vgl. dazu auch Lottman, *Camus: Eine Biographie,* S. 285f.; endgültig ändert er seinen Standpunkt in der Diskussion um die Begnadigung von Brasillach (ebd, S. 295)

244 Albert Camus, *Réflexions sur la Guillotine* in: *Essais*, S. 1056 „… la seule solidarité humaine indiscutable, la solidarité contre le mort."

Camus' widerlegt zuerst die angebliche Abschreckung möglicher Täter, was nicht nur von den gleich bleibenden Verbrechenszahlen unterstützt wird, sondern auch dadurch, dass auch die Gesellschaft selbst nicht an die Wirkung glaubt, sonst wären die Hinrichtungen öffentlich.[245]

Anschließend greift er das Problem der Schuld auf. Nach Camus' Ansicht besitzt nur ein völlig Unschuldiger das Recht, andere zu verurteilen[246], eine Thematik, die sich auch in *Der Fall* wiederfindet. Nun hat aber die Gesellschaft immer eine Teilschuld, und Camus nennt z. B. die Wohnungsnot und die Subventionierung des Alkohols, die er in Verbindung mit Verbrechen bringt. Des weiteren hängt die Rechtsprechung von Stimmungen, Personen und 'schuldigen' Richtern ab, und ist vor Irrtümern nicht gefeit. Generell bewertet er die Todesstrafe als Vergeltung, als eine Art kaltblütige Rache des Gesetzgebers.[247]

Zwei weitere Vorwürfe beziehen sich auf die Unlogik der Todesstrafe. Zum einen handelt es sich um eine absolute Strafe für eine relative Tat[248], und zum anderen wird dadurch jegliche Wiedergutmachung unmöglich gemacht, wobei gerade dieser Aspekt der Rehabilitation und Resozialisation der Täter in der modernen Rechtsprechung eine immer größere Bedeutung gewinnt. Als letztes soll noch erwähnt werden, dass das Vorhandensein der Todesstrafe einen Staat prinzipiell in Richtung Diktatur rückt. Denn es ist ein Zeichen aller Gewaltherrschaften, die Todesstrafe als Machtinstrument zu missbrauchen. Damit kommen wir zu den Überlegungen Camus' zum Problem des Mordes.

---

245 vgl. Camus, *Die Guillotine* in: *Fragen der Zeit*, S. 107ff.

246 vgl. Camus, *Die Guillotine*, S. 131, sowie S. 144 „Ohne absolute Unschuld gibt es keinen höchsten Richter."

247 vgl. Camus, *Die Guillotine*, S. 123f.

248 was so nicht ganz richtig ist, ist doch Mord auch eine 'absolute' Tat.

3.2.2 Das Verbot des Mordes

Camus nähert sich dem Problem der Gewalt und im Besonderen dem des Mordes[249] auf zwei Ebenen. In *Der Mythos von Sisyphos* ist das Leben an sich das einzige, was die Absurdität aufrecht erhält. Daraus schließt er zunächst, dass Suizid unlogisch ist, da dadurch die Absurdität ausgelöscht wird. Das Leben, bzw. das Bewusstsein muss also bestehen bleiben.

Dieser Gedankengang wird mit gewissem Recht ausgedehnt auf das Leben der Anderen:

> „Die absurde Überlegung kann nicht das Leben dessen bewahren, der spricht, und zugleich die Opferung der andern dulden. Vom Augenblick an, da man die Unmöglichkeit der absoluten Verneinung anerkennt, und Leben auf irgendeine Weise kommt dieser Anerkennung gleich, ist das erste, was sich nicht leugnen lässt, das Leben des andern. So raubt der gleiche Begriff, der uns glauben ließ, der Mord sei gleichgültig, ihm seine Rechtfertigungen;"[250]

Dahinter steht das Argument, dass man unmöglich dem Mord eine Logik zugestehen kann, wenn man sie dem Selbstmord verweigert.

Dieser fragliche Schritt wird in der Sekundärliteratur weitgehend übersehen[251]:

> „Ein Geist, der von der Idee des Absurden durchdrungen, lässt zweifelsohne den Mord aus Schicksalsbestimmung gelten, doch nicht den überlegten Mord. Angesichts der Kluft sind Mord und Selbstmord ein und dasselbe, beide muss man zusammen bejahen oder verwerfen."[252]

---

249 ich verwende 'Mord' im folgenden, wie ihn Camus gebraucht, um in seiner Diktion zu bleiben. Korrekt wäre die Bezeichnung Totschlag, weil laut StGb § 211 Mord durch „niedrige Beweggründe, heimtückisch oder grausam" definiert wird.

250 *MR*, S. 11

251 die einzige Ausnahme scheint Elisabeth Mairhofer, *Das Absurde und die Würde des Menschen: Albert Camus' Denken im rechtsphilosophischen Zusammenhang*, S. 24ff. zu sein, was schon in Punkt C 2.4.1 ausführlicher dargestellt worden ist.

252 *MR*, S. 11

Zugleich sagt Camus aber auch, dass es unmöglich ist, aus dem Absurden, das primär alle Handlungen gleichwertig nebeneinander stellt, irgendeine Tat als moralisch wertvoll oder als schlecht zu kennzeichnen:

> „Wenn man aus dem Gefühl des Absurden zunächst eine Regel für das Handeln abzuleiten beabsichtigt, macht es den Mord zum mindesten indifferent und infolgedessen möglich. Wenn man an nichts glaubt, wenn nichts einen Sinn hat und wenn wir keinen Wert bejahen können, ist alles möglich und nichts von Wichtigkeit. Ohne Für und Wider hat der Mörder weder unrecht noch recht. Man kann die Verbrennungsöfen schüren, so wie man sich der Pflege Leprakranker widmet. Bosheit und Tugend sind Zufall oder Laune." [253]

Auf der nächsten Ebene, die zeitlich etwa mit dem Erscheinen der *Remarque sur la révolte* (1945) anzusetzen ist, wird Solidarität möglich, und Camus argumentiert:

> „Denn es geht darum, zu entscheiden, ob es möglich ist, denjenigen, irgend jemanden, zu töten, dessen Ähnlichkeit mit uns wir eben festgestellt und dessen Identität wir bestätigt haben."[254]

Möglich bedeutet hier, ob es erstens der Idee der Revolte logisch widerspricht, und zweitens ob es unmoralisch ist. Dafür zieht Camus folgendes Argument bei:

> „Wenn ein einziger Mensch tatsächlich getötet wird, verliert der Revoltierende auf gewisse Weise das Recht, von der Gemeinschaft der Menschen zu sprechen, von der er indes seine Rechtfertigung ableitete. Wenn diese Welt keinen höheren Sinn, der Mensch nur den Menschen als Bürgen hat, genügt es, dass ein Mensch ein einziges Wesen aus der Gesellschaft der Lebenden ausschließt, um selbst von ihr ausgeschlossen zu sein."[255]

Wenn tatsächlich nur die Gemeinschaft der Menschen einen Wert besitzt, ist diese Argumentation einleuchtend, weil dann der Mord gegen das einzige fundamentale Gesetz verstößt. Der Täter gibt mit dem Mord zu verstehen, dass er dieses Prinzip nicht achtet, und

---

253 *MR*, S. 8/9

254 *MR*, S. 227

255 *MR*, S. 227/228

deshalb ist es für Camus logisch, ihn aus der dieses Prinzip achtenden Gemeinschaft auszuschließen. Auszuschließen bedeutet dabei aber natürlich, den Betreffenden zu töten, und das kann nicht im Sinn dieser 'Logik' sein.

Allerdings muss an diesem zentralen Punkt auch Kritik geübt werden. Gerade weil die Solidarität universal gedacht ist, verliert sie zumindest einen Teil ihrer Konkretheit. (siehe Rorty) Es ist eine biologische bzw. soziologische Tatsache, dass Menschen an die erste Stelle die Familie setzen, dann den Stamm (Gruppe), dann erst Region, Volk und Nation, und ganz am Schluss die Menschheit im Gesamten. Im Falle eines Konfliktes bilden sich deshalb sofort Gruppen, die sich bekämpfen, was unweigerlich zu einer Gewichtung der Solidarität führt, weil die eigene Familie bzw. Gruppe mir eben näher steht als die übrigen.[256] Die Solidarität ist dann nur innerhalb der Gruppe vorhanden, und kann gerade durch die Tötung von Angehörigen der anderen Gruppe gestärkt werden. Das kann durch das persönliche Erleben Camus' belegt werden. Die starke Solidarität, die er zweifellos innerhalb der Résistance gefühlt hat, hat mit Sicherheit zur Bildung dieses Begriffes beigetragen. Aber sie erstreckte sich entschieden nicht auf die Nazis, die mit Bomben und Attentaten bekämpft wurden.

Meiner Meinung nach begeht Camus hier den gleichen Fehlschluss, den er an anderer Stelle Ideologien vorhält; er verwendet ein abstraktes Konzept, (das sich im übrigen ursprünglich vor allem gegen den Tod richtete[257]), das in der Praxis des täglichen Handelns nicht widerspruchsfrei als Axiom verkündet und oktroyiert werden kann. Tatsächlich stößt Camus schon beim Dilemma der Gewalt in

---

256 vgl. dazu den Vorwurf an Camus, der es sich in *Die Pest* zu leicht gemacht hat, weil gegen eine anonyme Krankheit (Bakterien) gekämpft wird, und eben nicht gegen Menschen. Dem ist aber die Vielschichtigkeit des Symbols der Pest entgegen zu halten, u. a. auch als Kampf gegen die Nazis.

257 Camus, *Réflexions sur la Guillotine*, S. 1056 „… la seule solidarité humaine indiscutable, la solidarité contre le mort."

der Revolte auf dieses Problem und bietet im Kapitel *Die zartfühlenden Mörder* im *MR* bzw. im Drama *Les Justes* zwar eine Lösung an, die allerdings nach Meinung der meisten Interpreten nicht überzeugen kann, gerade weil sich hier am deutlichsten die Widersprüche aus der Verwirklichung der theoretischen Überlegungen in konkrete Sachverhalte, wie der Gewaltanwendung und des Mordes, herauskristallisieren.[258]

3.2.3 Leben für Leben (Die Gerechten)

In *Les Justes* wird die 'richtige' revolutionäre Haltung von Kaliayew und Dora verkörpert.[259]

Für die Terroristen in dem Stück steht der Großfürst für die lange Tyrannei in Russland. Er ist der Henkersknecht, der unterdrückt und Menschen tötet. Um die Freiheit für alle Russen zu ermöglichen, soll er durch eine Bombe umgebracht werden, damit durch seinen Sturz eine Revolution eingeleitet werden kann. Kaliayew, der Attentäter, lehnt Mord jedoch generell ab, weil er alle Menschen als Brüder empfindet[260] und ist so in einem Dilemma gefangen. Aber er ist, wie alle Revolutionäre, in einer Ausnahmesituation.[261] Kaliayew liebt das Leben und seine Mitmenschen über alles[262], und gerade deswegen tut es ihm so weh, dass er von Anderen als Terrorist und Mörder gesehen wird. Er befindet sich zwischen zwei Polen, und muss diese Spannung aushalten:

---

258 z. B. E. Mairhofer, *Das Absurde und die Würde des Menschen*, S. 70; X. Monasterio, *Camus and the Problem of Violence* in: The New Scholasticism 44, 1970, S. 219ff.; P. Lapaire, *Meurtre et Révolte: Problème de limites chez Camus* in: The Language Quarterly XXIV/1-2, 1987, S. 48

259 vgl. auch das Vorwort zu den *Dramen* von Camus': „Meine Helden Kaliayew und Dora besitzen meine ungeteilte Bewunderung." S. 13

260 Camus, *Die Gerechten*, S. 205/206 in: *Dramen*. Kaliayew: „Ich aber liebe die Menschen, [...] werde ich meinen Brüdern nicht ins Gesicht schlagen[...] "

261 vgl. *MR*, S 138f.

262 Camus, *Die Gerechten*, S. 195 „Ich bin zur Revolution gekommen, weil ich das Leben liebe."

> „In der äußersten Zerrissenheit findet er [der Mensch in der Revolte] seine Grenze, an welcher er sich, wie Kaliayew opfert, wenn es sein muss."[263]

Obwohl er sich bewusst ist, dass er sich mit dem Mord aus der Gemeinschaft der Menschen ausschließt, nimmt er das hin, und opfert sich stellvertretend für alle anderen Menschen, die nach Gerechtigkeit verlangen:

> „KALIAYEW: Wir nehmen es auf uns, Verbrecher zu sein, damit die Erde endlich von Unschuldigen bewohnt wird."[264]

Camus formuliert hier die Notwendigkeit für eine spätere, für Kaliayew nicht mehr erlebbare Welt des Glückes und der Freude kämpfen zu müssen.

Kaliayew kann einerseits nicht tatenlos zusehen, wie das Unrechtsregime den Traum der Gerechtigkeit und Freiheit zerstört, kann aber andererseits das Attentat auf den Großfürsten nur vollbringen, indem er ihn mit der Tyrannei identifiziert, und den Menschen in ihm verdrängt[265]. Das Attentat scheitert beim ersten Versuch, weil es ihm unmöglich ist, in dem kleinen Neffen und der Nichte des Großfürsten etwas anderes als unschuldige Leben zu sehen und es nicht fertig bringt, sie zu töten. Andere Menschen durften nicht deswegen sterben, das hätte sein moralisches Empfinden nicht hingenommen, was von Dora und den übrigen Terroristen – außer Stepan – im Nachhinein gebilligt wird:

> „STEPAN: An dem Tag, da wir beschließen, keine Rücksicht auf Kinder zu nehmen, [...] wird die Revolution siegen.
>
> DORA: An dem Tag wird die Revolution von der ganzen Menschheit gehaßt."[266]

---

[263] *MR*, S. 244; vgl. auch *MR*, S. 138

[264] vgl. Camus, *Die Gerechten*, S. 196

[265] Camus, *Die Gerechten*, S. 198 Kaliayew: „Ich töte ja nicht ihn. Ich töte die Tyrannei.", vgl. auch S. 221

[266] Camus, *Die Gerechten*, S. 261

Kaliayews Tugend besteht darin, dass er eine Idee nicht höher als das Leben stellt.[267]

Kaliayew und in seiner Nachahmung Dora zeichnen sich dadurch aus, dass sie eine Rechtfertigung für einen begangenen Mord nur darin sehen, selbst dafür mit dem Tod zu büßen.

> „Für die Idee zu sterben, ist die einzige Art, ihrer würdig zu sein. Das ist die Rechtfertigung."[268]

In *MR* ist das ganz ähnlich formuliert:

> „Unfähig zu rechtfertigen, was sie indes notwendig fanden, kamen sie auf den Gedanken, sich selbst zur Rechtfertigung hinzugeben und mit einem persönlichen Opfer die Frage zu beantworten, die sie sich stellten. Für sie fiel, wie für alle Rebellen vor ihnen, der Mord mit dem Selbstmord zusammen. Ein Leben wird mit einem anderen bezahlt, aus diesen beiden Sühneopfern erwächst die Verheißung eines Wertes."[269]

Weil er mit seinem Leben als moralischer Legitimation bezahlen muss[270], weist Kaliayew kategorisch alle Versuche der Rehabilitation seitens Skuratow (weltlich) und der Großfürstin (religiös) zurück.

Der Ansatz, den man mit 'Leben für Leben' charakterisieren kann, birgt jedoch einige Probleme in sich, was sich durch Vereinfachungen Camus' ergibt. Erstens ist es mehr als fraglich, ob die Bereitschaft zu sterben als Rechtfertigung für einen Mord dienen kann; das Opfer würde mit Sicherheit der angenommenen 'Gleichwertigkeit' der beiden Leben aufs heftigste widersprechen. Die Rechtfertigung macht nur innerhalb Camus' System Sinn, in dem Leben den höchsten Wert darstellt, und die Vorbedingung der Ausnahmesituation (Revolte) erfüllt ist. Zweitens ist zu unterscheiden zwischen einem bloßen Repräsentanten, der stellvertretend für die Unrechtmäßigkeit des Systems mit seinem Leben bezahlen muss, was unter

---

267 vgl. Camus, *Die Gerechten* S. 195 und S. 205f.

268 Camus, *Die Gerechten*, S. 197

269 *MR*, S. 139

270 *MR*, S. 138 „Notwendig und unentschuldbar, so erschien ihnen der Mord."

Umständen ganz und gar nicht gerechtfertigt werden kann, und einem Gewaltherrscher, dessen Person selbst der Auslöser der Ungerechtigkeit ist (wie z. B. Caligula, Hitler). Drittens muss der Rechtfertigungsgrund der Terroristen den höchsten *objektiven* Ansprüchen genügen. In einigen Fällen (z. B. Revolutionäre von 1905, Kreis um Stauffenberg) ist der Anspruch deutlich und kann, zumindest heute von uns, moralisch legitimiert werden.

In einem anderen, bei Camus nicht ausdifferenzierten Fall, handeln Terroristen im Namen der Bevölkerung, welche sie aber nicht legitimieren will (z. B. RAF). Man muss hier zwischen Grundrechten und weitergehenden politischen Meinungen unterscheiden. Wenn es um die Erkämpfung grundlegender Rechte (was wir heute unter Menschenrechten verstehen) wie körperliche und geistige Freiheit, Unversehrtheit oder freie Meinungsäußerung geht, dann ist die Legitimation heute für uns selbstverständlich, wenn es aber um unterschiedliche politische Vorstellungen der Konzeption eines Staates geht, wird es wegen des fehlenden allgemeinen Konsens äußerst problematisch, und die Grenzziehung erweist sich in der Praxis als sehr schwierig.

Aus meiner Sicht birgt das oben genannte Modell noch einen weit gravierenderen Defekt, der vor allem Camus' eigener Logik widerspricht. Kaliayew begeht den gleichen Fehler, den Camus mühevoll bei den historischen Revolutionen herauspräpariert und aufs schärfste verurteilt hat: Er tötet für eine *Idee*. Noch schlimmer, er tötet für einen utopischen gerechten Staat in der Zukunft. Eben dies ist Camus' Hauptvorwurf an den russischen Marxismus. Möglicherweise sieht Camus den Unterschied darin, dass diese Art von Mord sich selbst eine enge Grenze zieht. (Wie viele sind schon bereit, für andere Menschen und die Gerechtigkeit zu sterben?) Durch diese individuelle Grenze wird auch die Gefahr des Staatsterrors vermieden, aber nichtsdestotrotz billigt Camus das äußerste Gewaltmittel, den Mord. Dazu merkt Thody berechtigterweise an, dass eine Revolutionsbewegung, deren Führer alle sterben, in der Praxis wohl nicht erfolgreich sein kann, und daher ihre Ziele verfehlen wird.[271] Wenn sich aber die Verwirklichung der angestrebten Utopie nie voraussagen lässt, dann dürfte die Bewegung niemals morden.

Im Gefolge eines Mordes ist außerdem der Schmerz der Hinterbliebenen (Freunde, Kinder, die Frau, die ihn liebt) zu beachten und nicht gering zu schätzen. Das gilt vor allem, wenn man zentrale Aussagen von Camus heranzieht, wie etwa anderen Menschen „möglichst wenig Böses zufügen"[272] bzw. „Fügen wir kein Leid zu"[273]. Jean Sénac, ein junger algerischer Redakteur kritisiert zurecht diese Haltung im Hinblick auf die Algerienkrise:

> „[...] erklärte Camus zu einer Zeit, als er die Ungerechtigkeit der *Gerechten* noch nicht leugnete."[274]

Alles das wird von Camus durch die nicht genug fundierte Erklärung, die Revolte sei eine Ausnahmesituation, gerechtfertigt, was auch insofern bedenklich ist, als eine Ethik sich vor allem in Grenzfällen bewähren muss. Eine mögliche Erklärung finden wir in seiner Biographie. In seiner Jugend war Camus noch Pazifist, wird sich aber während des zweiten Weltkrieges klar[275], dass diese Haltung eine Untätigkeit bzw. ein Gewähren lassen impliziert, die er nicht für moralisch akzeptabel erachten kann.

---

271 vgl. Thody, *Albert Camus*, S. 151

272 *Die Pest*, S. 205

273 Albert Camus, *Tagebuch März 1951 – Dezember 1959*. Reinbek bei Hamburg: Rowohlt Verlag, 1993, Neuausgabe 1997, S. 85 [im Folgenden mit TB 2 abgekürzt]

274 Todd, S. 727; vgl. dazu auch die Tagebuchnotiz Camus': "Die große Reinheit des Terroristen von Kaliajews Art besteht darin, dass für ihn Mord und Selbstmord eins sind [...]Die Überlegung ist falsch, aber achtenswert." in: *TB 1*, S. 358

275 Camus, *Deux Réponses à Emmanuel D'Astier de la Vigerie*, S. 355 „Je crois que la violence est inévitable, les années d'occupation me l'ont l'appris." in: *Essais*

1948 schreibt er sogar an Emmanuel D'Astier, er habe Pazifismus niemals gutgeheißen.[276] Gerade bei diesem Problem muss konstatiert werden, dass Camus keine überzeugende Lösung anbieten kann, was es um so interessanter macht, andere Konzeptionen, wie etwa von Richard Rorty zu untersuchen.

3.2.4 Ausweitung des Gewaltbegriffes (Rorty)

Wenn Camus das Problem der Gewalt hauptsächlich anhand des schlimmsten Gewaltverbrechens, dem Mord, untersucht, dann impliziert er selbstverständlich auch andere, weniger schlimme Gewalttaten, die unter den gewonnenen Erkenntnissen der Untersuchung subsumiert werden können. Der Oberbegriff bei Rorty heißt hingegen Grausamkeit, was ihm erlaubt, nicht nur physische, sondern auch psychische Gewalt darunter einzuordnen.

Der Hauptunterschied liegt darin, dass Gewalt bei Camus nur in Ausnahmesituationen wie der Revolte untersucht wird, während Rorty Grausamkeit bzw. das Gegenteil, den *„Wunsch, freundlich zu sein"*[277], als eine Selbstbeschreibung auffasst, die ein durch Erziehung entstehender Grundcharakterzug ist.

Wenn man Gewalt als Eingriff in die Selbstbestimmung eines Menschen festlegt, dann zeigt sich wiederum die Nähe der beiden. Camus wählt keineswegs gedankenlos den Sklaven, der gegen seine Unterdrückung aufbegehrt als Beispiel für die Revolte; Rorty sieht ebenso die liberale Gesellschaft als die moralisch höchstentwickelte, weil sie Unterdrückung (Sklaverei) verabscheut und höchsten Wert auf Selbstbestimmung und persönliche Freiheit legt.[278]

Der Idealtypus ist für Rorty, wie er des öfteren wiederholt, die liberale Ironikerin, für die „es nichts Schlimmeres gibt, als grausam zu

---

276 Camus, *Deux Réponses à Emmanuel D'Astier de la Vigerie*, S. 355 „Je n'ai jamais plaidé pour elle [la non-violence]. in: *Essais*

277 *KIS*, S. 156

278 vgl. Rorty, *On ethnocentrism: A reply to Clifford Geertz* in: *Objectivity, relativism, and truth: philosophical papers I*

sein"[279]. Sie verabscheut Gewalt, und hat als Ziel, so „freundlich zu sein" wie es irgend geht, und „die Demütigung anderer zu vermeiden"[280]. Personen laufen Gefahr, gedemütigt (im stärkeren Sinne des Wortes: gefoltert, in ihrem Selbstbild zerstört) zu werden, und dieser ständigen Bedrohung muss entgegengewirkt werden.

> „Ihr Verständnis dessen, was menschliche Solidarität ist, gründet sich auf das Gefühl einer gemeinsamen Gefahr, [...]"[281]

3.3 Die Spannung zwischen zwei Polen

Camus versucht das Problem der Gewaltanwendung durch ein Denken, das sich keinem Extrem zuneigt, und deshalb in steter Spannung gehalten bleibt, zu entschärfen. Es soll so in sich das Maß (*la mesure*) erzeugen, eine Ausgewogenheit, die sich z. B. auch im Abwägen von Gerechtigkeit und Freiheit zeigen muss.

Camus' ganzes Denken lässt sich von Anfang an (*L'envers et l'endroit*) als ein Denken in Spannungsfeldern interpretieren. Allgegenwärtig und über alle Bereiche hinweg finden sich Polaritäten, die einander unversöhnlich gegenüberstehen. Schon die Titel vieler Essays verraten dies: *Entre Oui et Non, L'Envers et l'Endroit, L'Exil et le Royaume.* Es ist geradezu kennzeichnend für seine Literatur und Philosophie, Sachverhalte in einer Sicht zu interpretieren, die beide Pole (z. B. Schwarz und Weiß) beachtet, wobei Schwarz und Weiß die beiden Extreme einer kontinuierlichen Skala darstellen.

Meiner Meinung nach lässt sich diese immer stärker werdende Tendenz bei Camus auf die von ihm früh entdeckte fundamentale Widersprüchlichkeit des Daseins zurückführen: Der junge Camus sieht auf der einen Seite Glück und Lebensfreude, auf der anderen Einsamkeit und Tod. Es ist ihm unmöglich, die Unvereinbarkeit dieser Gegensätze aufzulösen, also verbleibt als Möglichkeit, beides

279 *KIS*, S. 128 oder auch S. 237

280 *KIS*, S. 156

281 *KIS*, S. 156

anzunehmen. In *Licht und Schatten* (!), das er mit zweiundzwanzig Jahren schreibt, findet sich als zusammenfassende Betrachtung der im Essay dargestellten Situationen folgende Passage:

> „Das alles ist unvereinbar? Welche Entdeckung! Eine Frau, die man allein lässt, um ins Kino zu gehen; ein alter Mann, dem man nicht mehr zuhört; ein Tod, der nichts gutmacht, und auf der anderen Seite alles Licht der Welt. Was tut's, wenn man alles annimmt?"[282]

Die später im ersten Zyklus der Absurdität ausformulierte Notwendigkeit, die Absurdität um jeden Preis aufrecht zu erhalten, entspricht genau der logischen Bewegung, nicht eine Seite zu leugnen, sondern in der Synthese die Gegensätze zu überwinden.[283] Weder die Welt noch der Mensch ist absurd an sich; erst die Anspruchshaltung des Menschen erzeugt eine Spannung (*tension*) zwischen diesen beiden Polen. Sie muss ausgehalten werden, dann gewinnt der Mensch die Würde und den Stolz zurück, immer in einer ständigen Spannung lebend. Darüber hinaus steht selbst der schwärzesten Verzweiflung immer auch etwas Positives gegenüber und umgekehrt:

> „Es gibt keine Liebe zum Leben ohne Verzweiflung am Leben"[284]

Camus will lernen

> „[...] sowohl den schwarzen wie den weißen Faden zum gleichen Seil zu winden, das bis zum Zerreißen gespannt ist."[285]

3.3.1 Der Begriff des Maßes

Aus diesem Spannungsdenken heraus entwickelt Camus den Begriff des Maßes (*mesure*), denn die beiden Extreme einer Skala vernichten sich entweder gegenseitig (z. b. Freiheit und Gerechtigkeit), oder sind völlig inkompatibel (Absurdität-Sinn, Verzweiflung-Glück,

---

282 Albert Camus, *Licht und Schatten*, S. 35. in: *Literarische Essays*. Reinbek bei Hamburg: Rowohlt Verlag, 1959

283 vgl. dazu auch Pechtl, *Kraft und Güte*, S. 41

284 Camus, *Licht und Schatten*, S. 68

285 Camus, *Heimkehr nach Tipasa*, S. 177 in: *Literarische Essays*

Tod-Leben). Mit dieser Erkenntnis, umgeschmolzen in ein Bild - der zum äußersten gespannte Bogen -, endet auch der *MR. Aus* der höchsten Spannung *heraus* kann sich der Pfeil erst lösen, wobei der gespannte Bogen das Symbol für die erreichte Synthese ist, die aus dem Aushalten der Spannung erwächst.[286]

Als Kenner und Bewunderer der griechischen Philosophie ist es wahrscheinlich, dass die Entwicklung seines Maßbegriffes durch die *mesotes*-Lehre des Aristoteles inspiriert wurde, obwohl Aristoteles nicht erwähnt wird, wenn Camus über die griechische Weltanschauung spricht, in der dem Chaos das Maß gegenübergestellt war. Das griechische Denken allgemein, so betont Camus, sei dem christlichen Weltbild diametral entgegengesetzt. „Das griechische Denken wurde immer durch die Vorstellung der Grenze aufgehalten."[287], das christliche Europa hingegen sei unmäßig. Die Griechen hätten z. B. auch die Vernunft begrenzt, daraus kann ein Gleichgewicht folgen. Die Göttin des Maßes, Nemesis[288], spielt eine entsprechend große Rolle in seinen Plänen für den dritten Zyklus, der eben unter diesem Namen stehen sollte.[289]

Ähnliche Ansätze finden sich auch bei Pascal, den Camus sehr geschätzt hat, und dessen Ideen manchmal fast unverändert übernommen werden. Bezüglich des Maßes betont Pascal die Stellung des Menschen als zwischen dem Mikro- und dem Makrokosmos im Mesokosmos lebend. Wir sind nur fähig, die Mitte zu erfassen, nicht aber das Kleinste und das Größte.[290]

Diese Vorstellung erweitert Pascal:

---

[286] dieses Bild ist wahrscheinlich von Nietzsche übernommen, es findet sich in der Vorrede zu *Jenseits von Gut und Böse*.

[287] Camus, *Helenas Exil*, S. 154 in: *Literarische Essays*

[288] genauer, die Göttin der Vergeltung, aber auch der Zuteilung des rechten Maßes an Glück und Unglück.

[289] *TB* 2, S. 236 und S. 240

[290] vgl. Pascal, *Gedanken*, S. 134ff., vgl. auch S. 47

> „Da wir in jeder Hinsicht begrenzt sind, findet sich dieser Zustand, der die Mitte zwischen zwei Extremen einnimmt, in allen unseren Fähigkeiten."[291]

Besonders führt er das in Bezug auf unsere Vernunft aus.[292] Camus übernimmt das Konzept des Mesokosmos und führt zusätzlich (aber nicht besonders überzeugend) Entdeckungen der modernen Physik wie die Unbestimmtheitsrelation oder die Relativitätstheorie an, um es zu universalisieren.[293]

3.3.2 Das Maß in der Revolte

Es nimmt nicht wunder, dass auch seine Definition des *homme révolté* unter dem Zeichen einer solchen Dichotomie der Spannung steht. *Der Mensch in der Revolte* beginnt mit folgenden Worten:

> „Was ist ein Mensch in der Revolte? Ein Mensch, der nein sagt. Aber wenn er ablehnt, verzichtet er doch nicht, er ist auch ein Mensch, der ja sagt aus erster Regung heraus."[294]

Ein revoltierender Mensch begehrt zugleich absolute Freiheit und absolute Gerechtigkeit. Er muss handeln, darf aber nicht morden. Er verachtet das Alte und will das Neue. Er befindet sich in einer Extremsituation, einem Kampf an der Grenze, wie Camus es nennt, und schließt sich *für* die Gemeinschaft *aus* der Gemeinschaft aus (wie Kaliayew). All das kann er nur durch das Einhalten des rechten Maßes miteinander vereinen. Die Spannung zwischen den Polen muss weiter gewährleistet sein, sonst droht eine überaus schädliche Einseitigkeit, weil die Grundstruktur der Revolte sonst verleugnet wird:

---

291 Pascal, *Gedanken*, S. 135

292 vgl. Pascal, *Gedanken*, S. 65, S. 124 („2. Maßlosigkeit: die Vernunft ausschließen, nur die Vernunft anerkennen.") für die Begrenztheit der Vernunft, S. 79 gegen Erkenntnisgewinn allein aufgrund der Vernunft, S. 81 für eine Aufwertung des Instinktes und des 'Herzens', was Camus in *MR*, S. 239 als Begrenzung des Rationalen übernimmt.

293 vgl. *MR*, S. 238

294 *MR*, S. 14

> „[...] wie der Revoltierende seine Ursprünge vergißt, der harten Spannung zwischen Ja und Nein müde wird und sich schließlich der Verneinung von allem oder der völligen Unterwerfung überlässt."[295]

Der Kritiker Philip Thody fügt hinzu, dass Revolutionen noch niemals ihre Ideale völlig erreicht haben, also schon von daher Unbarmherzigkeit und Fanatismus nicht gerechtfertigt werden können.[296] Aber, so sagt Camus, im Begriff der Revolte selbst findet sich die Setzung einer Grenze. Der Sklave, ebenfalls in den ersten Zeilen des *MR*, protestiert:

> „[...] 'es gibt eine Grenze', die sie nicht überschreiten werden'. Im Ganzen erhärtet dieses 'Nein' das Bestehen einer Grenze. Dieselbe Vorstellung einer Grenze findet man in dem Gefühl des Revoltierenden, dass der andere 'übertreibe', dass er sein Recht über eine Grenze erstrecke, jenseits welcher ein anderes Recht ihm entgegentritt und es beschränkt."[297]

Camus geht sogar noch weiter und postuliert, dass die Revolte das Maß erschafft, oder sogar mit dem Maß gleichzusetzen ist.[298] Das fordert den Revoltierenden seinerseits, die Grenze, die er für sich erkämpft, bei anderen zu respektieren. Die Grenze (*limite*) ist bei der persönlichen Freiheit des Anderen erreicht. Der Begriff der Grenze wird aber auch gegen die 'Abstraktion', wie Camus sie nennt, und wie sie in verschiedenen Absolutheitsansprüche und autoritären Ideologien mit ihren Polizeistaaten auftritt, verwendet.

Den Ausbau des Maßes als universelles Prinzip beginnt Camus im Schlusskapitel *Das mittelmeerische Denken*, das man als Vorstufe der dritten Phase interpretieren kann, denn es passt schon stilistisch nicht zum übrigen *MR*. Es findet sich bereits ausgearbeitet bei den zwei Intentionen, mit denen die Revolte ihren Anfang nimmt. Wie

---

295 *MR*, S. 24

296 vgl. Thody, *Albert Camus*, S. 107

297 *MR*, S. 14

298 vgl. *MR*, S. 244 „Die Revolte ist das Maß, sie befiehlt es, verteidigt es und erschafft es neu [...] Das Maß, der Revolte entstammend, kann nur durch die Revolte erlebt werden."

weiter oben erarbeitet, ist die Revolte im Wesentlichen ein Streben nach Freiheit und nach Gerechtigkeit. In Camus' Augen (abgeleitet aus Jean Greniers *Entretiens sur le bon usage de la liberté*) widersprechen sich diese beiden Bestrebungen in letzter Konsequenz. Seine Begründung: eine absolute Gerechtigkeit ist eine absolute Gleichheit, die keinerlei Protest mehr zulässt. Damit ein Staat absolut gerecht sein kann, muss er Gesetze 'gleichermaßen' auf alle Bürger anwenden, denn Gerechtigkeit drückt sich (für Camus) immer in Gesetzen aus.[299] Das Recht auf Selbstbestimmung etwa oder auf freie (abweichende) Meinungsäußerung kann nicht mehr gestattet werden.

Eine absolute Freiheit hingegen führt zum Willkürstaat, zum Chaos und dem Recht des Stärkeren:

> „Die absolute Freiheit ist das Recht des Stärkeren zu herrschen. Die absolute Gerechtigkeit schreitet über die Unterdrückung jedes Widerspruchs: sie zerstört die Freiheit. Die Revolution für die Gerechtigkeit durch die Freiheit treibt am Schluss die eine gegen die andere."[300]

Eine absolute Freiheit, die verwirklicht wird, kann immer nur auf Kosten anderer Menschen gehen, und ist deshalb unannehmbar, weil nihilistisch (d. h. menschenverachtend). Das verdeutlicht Camus an den Beispielen des Marquis von Sade, den Romantikern und dem Typus des Dandy. Der Prototyp jedoch, der die absolute Freiheit verwirklicht und scheitert, findet sich im Drama *Caligula*. Um wirklich absolut frei zu sein, muss er sich selbst beweisen, dass er tatsächlich zu *allem* fähig ist. Er *muss* folglich sogar seine Geliebte Caesonia töten.

Camus Folgerung aus dem Aufeinanderprallen dieser beiden zentralen Begriffe liegt in der Relativität, dem Mittel, dem Maß (*mesure*):

---

[299] vgl. *MR*, S. 235 „Es gibt in der Gesellschaft keine Gerechtigkeit ohne natürliches oder bürgerliches Recht, das sie gegründet. Es gibt kein Recht ohne Ausdruck dieses Rechts."

[300] *MR*, S. 233

> „Die absolute Freiheit verhöhnt die Gerechtigkeit. Die absolute Gerechtigkeit leugnet die Freiheit. Um fruchtbar zu sein, müssen beide Begriffe sich gegenseitig begrenzen."[301]

Camus spricht von einer 'relativen' Freiheit und Gerechtigkeit, was in sich stimmig ist, in Bezug auf die bereits oben genannte Forderung des Sklaven nach persönlicher Integrität.

Der Sklave fordert nie eine absolute Freiheit, denn dadurch würde er zum seinerseits knechtenden Herren. Er ist bereit, die Würde jedes Menschen auf Selbstbestimmung zu respektieren.

> „Weit entfernt, eine allgemeine Unabhängigkeit zu fordern, will die Revolte die Anerkennung der Tatsache, dass die Freiheit überall da eine Grenze habe, wo sich ein menschliches Wesen befindet, denn die Grenze ist eben die Macht der Revolte dieses Wesens."[302]

Man sollte Camus' Freiheitsbegriff nicht anders als eine individuelle Handlungsfreiheit auffassen, die erklärtermaßen auf eine Begründung in Metaphysik oder Ontologie verzichtet.[303] Für ihn ist Freiheit immer höchst konkret[304] und politisch-sozial gedacht:

> „Schließlich habe ich die Freiheit gewählt. Denn auch wenn die Gerechtigkeit nicht verwirklicht wird, bewahrt die Freiheit das Vermögen, gegen die Ungerechtigkeit zu protestieren und rettet so die Gemeinschaft."[305]

Abgesehen von den bisher eher fragmentarischen Ansätzen einer Ethik, die Konzepte wie Solidarität, Gerechtigkeit oder das Problem der Gewalt nur innerhalb der Problematik der Revolte behandeln, soll jetzt eine systematischerer Versuch der Darstellung der moralischen Leitlinien Camus' gemacht werden.

---

301 *MR*, S. 236

302 *MR*, S. 230

303 vgl. *MvS*, S. 62ff.

304 *MvS*, S. 62 „Die einzige Freiheit, die ich kenne, ist die des Geistes und des Handelns."

305 *TB 1*, S. 305

D Die Ethik

1 Begriffsbestimmung und Überblick

Kann man bei Camus überhaupt von einer Ethik sprechen? Diese erste Frage zieht auch schon das Unternehmen selbst in Gefahr. Angesichts des dritten Teils seines Gesamtwerkes, der zwar auf eine Ethik abzielt, aber fragmentarisch geblieben ist, den spärlichen Stellen in den frühesten philosophischen Essays, und der Ausarbeitung seiner Vorstellungen in Romanen, diese eben nicht in philosophischer Diktion, kann von einem ethischen *System* zunächst nicht die Rede sein. Aber was zeichnet ein ethisches System überhaupt aus? Hierzu müssen zunächst einige Begriffsklärungen vorgenommen werden.

Im Sprachgebrauch wird zwischen Moral und Ethik oft fälschlicherweise nicht unterschieden, obwohl Moral den *Gegenstand* der Ethik darstellt:

> „Das Ziel der normativen Ethik dagegen und wohl der letzte Zweck einer philosophischen Ethik überhaupt ist es, die jeweils herrschende Moral kritisch zu prüfen sowie Formen und Prinzipien rechten Handelns zu begründen."[306]

[306] Otfried Höffe, (Hrsg.) *Lexikon der Ethik*. München: C. H. Beck Verlag, 5. Auflage, 1997, S. 66; vgl. Peter Welsen, S. 11 „Demzufolge ist unter Ethik die theoretische Beschäftigung, die Reflexion über die Normen menschlichen Handelns zu verstehen." oder auch Kutschera, *Grundlagen der Ethik,* S. VII, wo Kutschera Ethik als die theoretische Beschäftigung mit normativen Urteilen fasst, die auch Vorfragen nach Methodologie, Semantik und Erkenntnistheorie einschließt.

Ganz allgemein gesprochen ist die Ethik die Suche nach dem Guten, nach etwas, das Wert besitzt[307], und sie versteht sich als „Wissenschaft vom moralischen Handeln".[308]

Im Unterschied zur traditionell überlieferten Moral (als *gesellschaftliches* Phänomen zu unterscheiden von Moralität als *individuellem* Phänomen, denen jeweils der deutsche Begriff Sitte bzw. Sittlichkeit entspricht) ist es Aufgabe der Ethik, Normen, nach denen gelebt wird, auf ihre moralische Gültigkeit hin zu befragen, um sie gegebenenfalls als schlecht zu verurteilen. Auch ist die Ethik von Ethos (ihrem etymologischem Ursprung) abzugrenzen: Ethos tritt konkret, pluralistisch und differenziert auf, und versteht sich immer in Abhängigkeit von historischen und kulturellen Gegebenheiten.

In Hinblick auf diese Verwendung der Begriffe muss die Frage nach dem Vorhandensein einer Ethik überhaupt bei Camus bejaht werden, denn wie in Punkt C 2.3 gezeigt wurde, ist es Camus' wichtigstes Anliegen, in seiner Analyse der historischen Revolutionen zu zeigen, dass diese jeweils gegen ihre moralische Anfangsintention verstießen. Durch ihren Absolutheitsanspruch bzw. inhärenten Nihilismus wurden sie a-moralisch und es wurde in ihrem Namen gefoltert und getötet. Er befragt sie also 'auf ihre moralische Gültigkeit hin' - und verurteilt sie.[309] Dabei entwickelt er selbst moralische Normen, die es zu befolgen gilt. Dem hält Jürgen Hengelbrock entgegen:

> „Absurdität und Moral sind somit keineswegs Größen, die sich ausschließen. Nur: eine Ethik im Sinne eines Kanons verbindlicher Nor-

---

307 vgl. Annemarie Pieper, *Ethik und Moral: Eine Einführung in die praktische Philosophie.* München, Beck Verlag, 1985, S. 9

308 Annemarie Pieper, *Ethik und Moral: Eine Einführung in die praktische Philosophie,* S. 13

309 vgl. *MR*, S. 170 „Die Forderung nach Gerechtigkeit führt am Schluss zur Ungerechtigkeit, wenn sie nicht zuvor durch eine ethische Rechtfertigung der Gerechtigkeit begründet wird."

> men kann es nicht geben. Es gibt aber ein Ethos des Absurden, das heißt eine Haltung, die einen jeden bindet."[310]

Camus entwickelt seine ethischen Standpunkte jedoch – wie bereits ausgeführt – weit über das Absurde hinaus. Auch J. Pechtl bestreitet in Anlehnung an Mieth, dass Camus' Gesamtwerk „[...] eine normative Ethik im Sinne eines Systems voneinander abgeleiteter Normen."[311] ist, aber Mieth definiert Normenethik als „im Wesentlichen Anwendungsethik"[312], was wiederum zurück zu Camus führt. Todd hingegen widerspricht dieser Festlegung und trifft den Nagel auf den Kopf, wenn er sagt:

> „Camus suchte nach einer Lebensregel. Im politischen Leben lehnte er Lüge, Macht und Despotismus ab. Tastend versuchte er Gebote zu formulieren, weltliche Gegenstücke zu den Zehn Geboten der Evangelien."[313]

Da man demnach von einer Ethik sprechen kann, ist deren Einordnung das nächste Ziel, was jedoch aus mehreren Gründen schwerfällt. Annemarie Pieper spricht im Vorwort zu *Geschichte der neueren Ethik* von den immensen Schwierigkeiten bei dem Versuch einer Einteilung, die oft genug schon bei der Problematisierung der Frage selbst (!) „Was soll ich tun?" beginnt.

Außerdem erfolgt die Einordnung der einzelnen Ethiksysteme je nach Unterteilung der Ethik selbst in die unterschiedlichsten, sich teilweise überschneidenden Kategorien und wird, je nach Autor, anders benannt. Im Folgenden wird deshalb die allgemein übliche Einteilung und Kategorisierung von Ethiken verwendet.[314]

---

310 Jürgen Hengelbrock, *Albert Camus: Ursprünglichkeit und Krisis des Denkens,* Freiburg, München: Karl Alber Verlag, 1982, S. 103

311 Dietmar Mieth, *Moral und Erfahrung: Beiträge zur theologisch-ethischen Hermeneutik.* Freiburg/Schweiz, Freiburg/Wien, 1977 in: Pechtl, *Kraft und Güte,* S. 214

312 Mieth, *Moral und Erfahrung,* S. 83 in: Pechtl, *Kraft und Güte,* S. 214

313 Todd, S. 816

314 Pieper, *Ethik und Moral: Eine Einführung in die praktische Philosophie;* Höffe, *Lexikon der Ethik*

Eine erste große Unterscheidung kann zwischen *deskriptiver* Ethik, die lediglich auf eine Beschreibung von Normen abzielt, ohne selbst normative Aussagen zu erarbeiten und *normativer* Ethik (Normen werden aufgestellt und begründet) gemacht werden. Der normativen Ethik voraus geht die *Metaethik*, die ebenfalls in die unterschiedlichsten Positionen zerfällt, die sich vor allem in Bezug auf die Herkunft und Wahrheit der normativen Aussagen unterscheiden.[315] Philosophische Ethiken sind immer normativ, wobei sich die Normen als allgemeine, abstrakte Richtlinien durch Tugenden verwirklichen. Wird die Bewertung der Person und ihre innere Haltung betont, spricht man von *Tugendethik*. Sie steht im Kontrast zu den handlungsbetonten Ethiken, deren Schwerpunkt auf dem Maßstab der Handlungen liegt. Hier kann man die *intentionalistische* (Gewissens-) Ethik, die *deontologische* (Pflicht-) Ethik, und die *konsequentialistische* bzw. *teleologische* (Folge-) Ethik unterscheiden.[316]

Davon unberührt bleibt die geläufigere Einteilung der normativen Ethik in *Universalismus* (normative Aussagen sind universell) und den *Kontextualismus/Relativismus* (normative Aussagen sind historisch und kulturell verschieden). Klassische Vertreter sind für ersteres Platon und für letzteres Aristoteles. Eine weitere Unterschei-

---

315 vgl. Peter Welsen, *Ethik*. Freiburg, München: Verlag Karl Alber, 1999, S. 9ff., der unter der Metaethik folgende Unterscheidungen trifft: Kognitivismus und Nonkognitivismus, wobei sich der K. wiederum in Intuitionismus und Naturalismus unterteilen lässt. Jener gliedert sich in den a priorischen I. und den empirischen I., dieser in subjektiven und objektiven N. Die Metaethik selbst wird oft der deskriptiven und normativen Ethik an die Seite gestellt, da hier die Grenzen verwischen. vgl. auch Annemarie Pieper, *Ethik und Moral*, S. 148

316 nach Welsen, *Ethik*, S. 9ff.; Höffe, *Lexikon der Ethik*, S. 220 nennt noch die theologische und die egoistische, wie auch den Utilitarismus. Ein Vertreter der deontologischen, die die intentionalistische einbegreift, wäre z. B. Kant; ein Vertreter der teleologischen, Aristoteles, dem es um das Ziel eines gelingenden Lebens geht.

dung, auf die hier jedoch nicht eingegangen werden soll, ist die Methodik.[317]

Als letztes Kriterium ist die Instanz, - Vernunft oder aber Intuition bzw. das Gefühl - die die Ethik generiert, zu nennen.[318]

2 Einordnung

Eine Anwendung dieser verschiedenen Kriterien auf Albert Camus' Ethik stößt auf methodische Schwierigkeiten, da sie Aspekte der unterschiedlichsten Ansätze vereint.

Diese Problematik sieht auch Josef Pechtl:

> „So ist es kein Zufall, dass Camus nicht der Systematiker war, der, streng philosophisch ausgebildet, nach den Regeln der einen oder anderen philosophischen Schule eine umfassende Darstellung der philosophischen Probleme seiner Zeit vorlegen wollte. Er lässt sich in keine philosophische 'Richtung' einordnen."[319]

Dennoch soll eine Situierung im Folgenden versucht werden, weil die Sekundärliteratur Camus zumeist entweder eine Ethik abspricht, oder aber die Interpretation bei dem Dualismus Absurdität-Revolte stehen bleibt, und den dritten Teil, den eines moralisch geprägten Lebensentwurfes, auf den jedoch sein Gesamtwerk abzielt, unberücksichtigt lässt.

3 Ethik als *prima philosophia*

Freilich wird schon auf den ersten Seiten des *MR* deutlich, dass die Ethik den höchsten Rang einnehmen muss. Sie ist die *prima philosophia*. Camus geht von der ebenso einfachen wie einleuchtenden intuitiven Feststellung aus, dass man handeln *muss*; und diese Praxis unterliegt einer moralischen Forderung:

---

317 vgl. Höffe, *Lexikon der Ethik*, S. 200; er unterscheidet hermeneutische, phänomenologische und analytische Methodik.

318 vgl. Welsen, *Ethik*, S. 11f.

319 Pechtl, *Kraft und Güte*, S. 211

„[...] können wir nicht handeln, bevor wir nicht wissen, ob und warum wir töten sollen.".[320]

Im Zeitalter des Faschismus schimmert bei Camus die Frage Kants durch, die nun nicht mehr lautet: „Was sollen wir tun?", sondern umformuliert wird zu: „Was dürfen wir auf keinen Fall tun?" An eine Ethik nach Auschwitz - wenn sie noch möglich ist - müssen letzlich stark veränderte und radikale Richtlinien angelegt werden. In jedem Fall muss eine Ethik eine überzeugende Antwort nicht nur auf die Frage „Wären in diesem Rahmen Lager wie Auschwitz offensichtlich zu verhindern gewesen?" parat haben.

Radikale Ansätzen wie der von Emmanuel Lévinas waren die Folge, der seine Ethik völlig um den Mitmenschen, den Anderen, zentriert, und sich gleichzeitig gegen jegliches System wehrt. Camus ist vielleicht kein derart origineller und radikaler Denker wie Lévinas, aber sein Ansatz zeigt unter Betonung auf Vorläufigkeit, Toleranz und Solidarität in eine ähnliche Richtung. Auch die unbedingte Forderung Sartres etwa, nach einer individuellen, durch nichts zu beeinflussenden Gewissensentscheidung wehrt sich gegen einen übergreifenden Systemgedanken.

Fest steht also das Bedürfnis nach einer Erneuerung, die unter anderen Gesichtspunkten als den bisherigen stehen muss. Camus sieht diese Notwendigkeit:

„Aber die Sklavenpferche unter dem Banner der Freiheit, die Massenmorde, gerechtfertigt durch Menschenliebe oder den Hang zum Übermenschen, stürzen in gewissem Sinne das Urteil [der moralischen Bewertung] um."[321]

Pechtl fasst Camus' Ausrichtung der Ethik prägnant zusammen:

„Nach dem Aufweis des Scheiterns traditioneller Ethiken wollte er ein Denken formulieren, das am ethisch Unbedingten festhält, ohne 'zu springen', eine Ethikbegründung, so können wir sagen, in der

---

320 *MR*, S. 8

321 *MR*, S. 8

> Metaphysik der Absurdität, ein Denken, das einerseits an der Forderung ethischer Unbedingtheit festhält, andererseits jedoch die Fehler, die zum Totalitarismus führten, nicht wiederholt;"[322]

Im *MR* versucht Camus genau das. Zuerst weist er die falsche Logik nach, die zu den totalitären Regimes führte, und versucht daraufhin, einen neuen, anderen Weg zu zeigen. Unter diesem Gesichtspunkt ist besonders interessant, inwieweit sich Camus' Entwurf einer Ethik in die weiter oben beschriebenen Kategorien einordnen lässt.

4 Merkmale

Camus' verzichtet von vornherein auf die Behandlung einer *Metaethik*, auf wahrheitstheoretische Untersuchungen der Aussagen und Methoden der Ethik.

Befragt man Camus' Ethik auf ihren *Gültigkeitsanspruch* hin, fragt man also, ob es sich um universelle oder relativistische Werte handelt, so stellt man fest, dass z. B. Menschenwürde und Freiheit universell für alle Menschen gelten. Obwohl eine Textstelle im *MR* das zu bestreiten scheint, weil er seine Untersuchungen der Revolte ausdrücklich auf Europa beschränkt[323], und weil Werte eben nur aus der Revolte fließen können, so ist doch auch im vorherigen Absatz des *MR* die Rede von Werten, die *im Menschen* allezeit zu verteidigen sind. Über nichteuropäische Menschen denkt Camus, dass ein gewisser Geistes- und Entwicklungszustand nicht gegeben ist, so dass der Begriff der Revolte von Europa auf diese nicht direkt übertragbar ist. Das impliziert aber, dass dieser Zustand in der Zukunft durch geistige und religiöse Veränderungen eintreten kann, und dass dann eine Revolte im beschriebenen Sinn stattfinden kann (und muss).[324]

---

322 Pechtl, *Kraft und Güte,* S. 117

323 *MR*, S. 19 „Das Problem der Revolte hat demnach nur innerhalb unserer westlichen Gesellschaft einen Sinn."

324 vgl. *MR*, S. 19

Bei einer Klassifizierung in *tugend- oder handlungsbetonte Ethik* kann Camus' Ethik als tugendbetont gelten, da sie das größere Gewicht auf den konkreten Menschen selbst legt. Es geht ihm um eine personale Begründung der Tugenden, die als Vorbild zur Nachahmung einladen, wie es seine Romanfiguren veranschaulichen. Nicht umsonst ist ein typischer Ausspruch von ihm „[...] und ich stelle täglich fest, dass die Anständigkeit keiner Gebote bedarf."[325] Eine Maxime, wie etwa „Handle gerecht" führt er in *MR* ad absurdum, als Abstraktion, die in ihr Gegenteil umschlagen kann.

Camus formulierte das bei einer Diskussion mit Studenten in Uppsala, bei dem der Reporter von *Le Monde* zuerst glaubte, er müsse sich verhört haben, so:

> "Ich glaube an die Gerechtigkeit, aber bevor ich die Gerechtigkeit verteidige, werde ich meine Mutter verteidigen."[326]

Vor allen Regeln kommt immer der Mensch, eine Argumentation, die auch E. A. Bartlett unterstützt:

> „Justice not grounded in the care and friendship of particular persons too easily becomes abstract. The monologue of dictators or lawyers replaces the dialogue of friends. Principles replace persons. Justice, losing touch with humanity, becomes unjust."[327]

Rieux ist dafür ein gutes Beispiel. Er verweigert sich dem Gedanken, für eine 'große Idee' zu sterben, ist aber sehr wohl dazu bereit, für einen einzigen seiner Mitmenschen sein Leben zu geben[328], was sich auch durch seinen furchtlosen und unermüdlichen Einsatz als Pest-

---

[325] *MvS*, S. 72

[326] Todd, S. 754; vgl. auch die Bestätigung in Camus' späteren Brief an *Le Monde* in: *Essais*, S. 1882: „Les déclarations [...] sont parfaitement exactes, [...]", worauf auch Todd auf S. 761 noch einmal Bezug nimmt. [Beuve-Mérys Kommentar dazu: „Ich wußte doch, dass Camus etwas Dummes sagen würde." (Todd, S. 755)]

[327] Elizabeth Ann Bartlett, *Beyond Either/Or: Justice and Care in the Ethics of Albert Camus.* in: *Explorations in Feminist Ethics: theory and practice.* ed. Eve Browning Cole and Susan Coultrap-McQuin. Ohne Ort: Indiana University Press, 1992, S. 86

[328] *Die Pest*, S. 133/134

arzt beweist. Zu heilen ist ihm ein dringendes inneres Bedürfnis, das seinem Mitleid und seiner Barmherzigkeit entspringt. Er macht sich über dessen Ursprung aber wenig Gedanken, weil die Kranken für ihn im Mittelpunkt stehen und ihm alles Theoretisieren fremd ist[329]:

> „Im Augenblick gibt es Kranke, die geheilt werden müssen. Nachher werden sie nachdenken und ich auch. Aber dringlich ist nur, dass sie geheilt werden."[330]

Natürlich lässt sich bei ihm immer an seinen Handlungen ablesen, dass er seinem Gewissen folgt, oder das tut, was er für seine Pflicht hält, bzw., dass er an den Folgen (stirbt das Kind oder nicht?) interessiert ist. Aber er folgt den Impulsen, die er in sich spürt, keinen vorgegebenen Maximen und setzt diese ohne Verzögerung in die Tat um, so dass weniger von einer Pflicht-, als vielmehr von einer Tugendethik gesprochen werden muss.

Als drittes Kriterium ist die erzeugende *Instanz* der Ethik zu beurteilen. Es fällt hier nicht schwer, Camus' Ethik als eine *Gefühlsethik* zu charakterisieren. Als „Rote-Kreuz-Moral"[331] gebrandmarkt, beruft sie sich fundamental auf das Mitgefühl gegenüber den Mitmenschen, und propagiert Mitleid als eines der edelsten Gefühle. Rieux' Beistand ist eine unmittelbare Reaktion auf das Leiden, ohne jeglichen theoretischen Unterbau:

> „Wer jedoch das Elend und den Schmerz sieht, die die Pest bringt, muss wahnsinnig, blind oder feige sein, um sich mit ihr abzufinden."[332]

Auf diese Hauptcharakteristika der Camus'schen Ethik, die sich vor allem in den Protagonisten der *Pest* verkörpern, wird weiter unten detaillierter eingegangen.

---

329 vgl. *Die Pest*, S 42/43, den Ekel, den Rieux bei der Debatte um die zu ergreifenden Maßnahmen empfindet, die verhindert, dass etwas getan wird.

330 *Die Pest*, S. 104

331 Francis Jeanson, *Les Temps Modernes*, Jahrgang 1952, S. 2074

332 *Die Pest*, S. 102

Durch die vorangegangene Einordnung ist es darüber hinaus möglich, Camus' Ethik insbesondere auf die oft zugewiesenen Prädikate 'existentialistisch' bzw. 'in der Tradition der großen französischen Moralisten stehend' zu prüfen. Dass Camus kein Existentialist war, wird schon durch sein Interview *Non, je ne suis pas existentialiste* vom 15.10.1945 deutlich, wo er sich in aller Entschiedenheit distanziert[333], aber auch entscheidende Werke wie *Der Mythos von Sisyphos* und *MR* rücken ganz entschieden von einer existentialistischen Interpretation ab.

Wie steht es aber mit der zweiten Behauptung, die Sartre in Camus' Nachruf ausdrückt:

> „Er stellt in unserem Jahrhundert, und zwar gegen die Geschichte, den wahren Erben jener langen Ahnenreihe von Moralisten dar, [...]"[334],

deren Hauptanliegen in drei Fragen zusammengefasst werden kann: Erstens, die Frage nach der Natur des Menschen; zweitens, die Frage nach der Autonomie des Menschen durch kluges Sozialverhalten; und drittens, wie ein glückliches Leben gestaltet werden kann.[335]

Camus hat sich mit allen drei Fragen mehr oder weniger intensiv auseinandergesetzt, wobei er seinen Akzent auf den zweiten und dritten Fragenkomplex legt. Das Sozialverhalten beschäftigt ihn bezüglich des Verhältnisses des Menschen zur Gesellschaft, bzw. vor allem einem ungerechten Staat gegenüber, im *MR*. Die Suche nach einem glücklichen Leben zieht sich dagegen von seinen Frühwerken bis zu seinen letzten Essays. Pierre-Henri Simon oder André Rousseaux sprechen sogar von der Suche nach Glück als seinem alles überragenden Leitmotiv.[336]

---

333 Albert Camus, *Extraits d'interviews* in: *Essais*, S. 1424ff.

334 Jean-Paul Sartre in: Lottman, *Camus: Eine Biographie*, S. 574

335 vgl. Robert Zimmer, *Die europäischen Moralisten*. Hamburg: Junius Verlag, 1999, S. 10f.

Aber auch die gewählten Ausdrucksformen stellen Camus in eine Reihe mit den Moralisten: Wie sie bevorzugt er den Essay. Seine gedankliche Nähe zu Rochefoucauld ist ein weiteres Indiz, da nur dessen Ideal des *honnète homme* (individuelle Tugendhaftigkeit) exklusiv im Gegensatz zu einem Moralsystem in der Lage ist, die Moral zu 'retten'.

Camus' Erkenntnisse sind von eher fragmentarischem Charakter und nicht Ausdruck einer übergeordneten Systematik. Darüber hinaus ist bei ihm vieles ein personenbezogener Entwurf; er schlägt vor, gibt Empfehlungen und formuliert manchmal auch Regeln; aber er besteht nicht darauf, die 'objektive Wahrheit' entdeckt zu haben, alles Hinweise auf seine Nähe zu den Moralisten. Dies und seine Betonung des Gefühls, das Nähe und Individualität voraussetzt, heben ihn aus den in der Vergangenheit immer wieder gescheiterten Ansätze, die sich auf Theorie, Letztbegründung und Vollständigkeit verlassen haben, heraus.

5 Besonderheiten

Camus entwickelt schon im *Mythos* seine programmatische Forderung, dass unser Wissen auf das Diesseits, und nur auf das, was man fühlen und sehen kann, beschränkt sein muss:

> „Das Herz in mir kann ich fühlen, und ich schließe daraus, dass es existiert. Die Welt kann ich berühren, und auch daraus schließe ich, dass sie existiert. Damit aber hört mein ganzes Wissen auf; alles andere ist Konstruktion."[337]

Wenn er dabei Metaphysik und Ontologie als 'Konstruktion' verwirft, dann muss er sie konsequenterweise bei dem Entwurf moralischer Leitlinien außen vor lassen. Camus versteht Metaphysik

---

336 vgl. Thomas Hanna, *The Thought and Art of Albert Camus*. Chicago: Henry Regnery Company, 1958, S. 242ff., S. 243; vgl. auch Cruickshank, *Albert Camus and the literature of revolt*, Kapitel 1, *The Quest for Happiness*

337 *MvS*, S. 26

zudem nicht als etwas, das außerhalb der menschlichen Erkenntnis liegt, sondern als Frage nach dem Sinn.[338]

Seine Philosophie bewegt sich konsequent im Diesseits. Er will sich von Denkern, die in der Metaphysiktradition Platons stehen, und Ethik transzendent begründen, oder die wie Sartre aus der ontologischen Analyse des Seins (An-Sich, Für-Sich und Für-Andere) schlussendlich das Verhältnis der Menschen untereinander erklären wollen, absetzen. Das muss aber eingeschränkt werden. Pechtl gibt zu bedenken, dass Camus zwar die 'Unmöglichkeit' (wie auch z. B. Rorty) einer nichttranszendenten Ethikbegründung seit der Destruktion solcher Ansätze durch Nietzsche bewusst war, dass aber zugleich eine Wertforderung, wie er sie aufstellt, eine Letztbegründung erzwingt[339], die sich wie bereits gesehen (Punkt C 3.1) als problematisch erweist.

Eine zweite Besonderheit ist seine Rolle als Dichterphilosoph, da sich viele seiner Thesen und Vorstellungen ausschließlich in den Personen und Themen seiner Romane und Theaterstücke finden, so dass eine Untersuchung, die auf seine Moral abzielt, sich nicht mit seinen philosophischen Essays begnügen darf, sondern Romane wie z. B. *Die Pest* als Kernstücke betrachten muss. Dabei kann es aber nicht um eine literarische Interpretation gehen; vielmehr müssen Camus' Werke auf die ihnen zugrunde liegende Philosophie zurückgeführt werden, was er selbst ermutigt: „Man denkt nur in Bildern. Wenn du Philosoph sein willst, schreib Romane."[340]

Eine dritte Besonderheit ist der Entwurfscharakter seiner Ethik. Dies ist einerseits strukturell durch das unvollendet gebliebene Werk bedingt, andererseits durch sein tiefes Misstrauen gegen abstrakte, pauschale Systeme implizit, was ihn dazu bewegte, auf individueller Basis auf Vorbilder zu setzen, die bestimmte Lebensentwürfe

---

338 vgl. *TB 1*, S. 271
339 vgl. Pechtl, *Kraft und Güte*, S. 15ff.
340 *TB 1*, S. 19

verkörpern.[341] Das beginnt bereits bei der *nicht* vermittelbaren Grunderfahrung der Absurdität, aus der sich dennoch alles entwickelt – aber eben nur in auf die Einzelperson bezogener Form. Es ist, wie Mieth bemerkt, eine Haltungsethik und keine Verhaltensethik. Statt Verboten werden mögliche Haltungen angeboten.[342] Die Problematik, die sich schon in Bezug auf die Solidarität ergeben hat, findet sich bei einer Moral, die auf Mitgefühl beruht, in verwandter Form. Ebenso wie die Bereitschaft zur Solidarität mit dem Verwandtschaftsgrad bzw. der Vertrautheit zunimmt, ist eine Gefühlsethik immer in Gefahr, ihre Wirkkraft bei zunehmender Anonymisierung zu verlieren. Alles was den Menschen nicht direkt angeht – z. B. der Hunger in der dritten Welt den Europäer – ist schnell verdrängt und vergessen, und das, obwohl in den meisten Fällen Hilfsbereitschaft durchaus vorhanden ist.

6 Aufbau

Aufgrund der bruchstückhaften Textgrundlage der dritten Phase kann es sich nur um eine Rekonstruktion der Ethik aus den vorhandenen Ansätzen handeln. Camus spricht auch in den Tagebüchern selten von einer Moral, und oft genug zweifelnd und skeptisch.[343] Aber es findet sich ein Tagebucheintrag, der sich deutlich abhebt von den verschwommenen und doppeldeutigen Notizen, die vor allem ab 1952 dominieren: „Revolte. I. Kapitel. Die Moral existiert."[344] Bei der Darstellung der Ethik will die vorliegende Arbeit aber auch der Vielfalt gerecht werden, die sich bei Camus fin-

341 vgl. *MvS*, S.73 „Welche [moralische] Regel könnte sich also von dieser unvernünftigen Ordnung herleiten? Die einzige Wahrheit, die ihm lehrreich erscheinen kann, ist nicht formulierbar: sie entzündet sich und entwickelt sich in den Menschen."; vgl. auch die Romanhelden, die immer eine bestimmte Haltung verkörpern.

342 Mieth, *Moral und Erfahrung: Beiträge zur theologisch-ethischen Hermeneutik*, S. 76 in: Pechtl, *Kraft und Güte*, S. 253

343 z. B. *TB 2*, S. 336, oder auch S. 339

344 *TB 1*, S. 296

det, und die nicht, wie einzelne Autoren immer wieder versuchen, auf ein einzelnes Motiv reduziert werden kann. Thomas Hanna nennt drei Autoren:

> „These are the efforts of Francis Jeanson, Pierre-Henri Simon, and Rachel Bespaloff, who respectively characterize the philosophy of Albert Camus by the themes of (1) absurdity, (2) happiness, and (3) death."[345]

Aber auch Hanna bleibt bei einem Dualismus, der sich durch die gesamte Sekundärliteratur zieht: dem von Absurdität und Revolte. Dabei fallen die moralischen Aspekte und die Glücksethik von Camus unter den Tisch.[346]

Dabei waren aber die Überwindung der Absurdität und die Revolte gegen Unmenschlichkeit und Tyrannei nur die vorbereitenden Stadien, die Camus durchlaufen musste, um, wie zahlreiche Tagebucheinträge beweisen, „zum freien Schaffen"[347] kommen zu können. Dass seine spätere Beschäftigung, wie die Suche nach Glück und der Harmonie mit der Welt, auf der Beantwortung der Frage beruhen, wie man moralisch richtig handelt, zeigt nur die gegenseitige Abhängigkeit der Problematiken, nicht aber, dass einer dieser Faktoren vernachlässigt werden darf.

In dieser Arbeit sind in Punkt B und C die ersten beiden, grundlegenden Phasen behandelt worden. Im Weiteren soll die Moral als das 'Ergebnis' dieser Überlegungen vorgestellt werden. Dabei erscheint wegen des Facettenreichtums eine Einteilung in Teilansätze sinnvoll. Zunächst wird auf die Gefühls- und Sozialethik eingegangen, die eng mit der Akzentuierung der Tugenden verflochten ist.

---

345 Hanna, *The Thought and Art of Albert Camus,* S. 239

346 z. B. Hanna, *The Thought and Art of Albert Camus;* Cruickshank, *Albert Camus and the Literature of Revolt*; Rath, *Albert Camus: Absurdität und Revolte: Eine Einführung in sein Werk und die deutsche Rezeption*

347 *TB 1*, S. 480 „37 Jahre. Und kann das Schaffen jetzt frei sein?"; vgl. auch *TB 1*, S. 440, sowie *TB 2*, S. 123, sowie Vorwort zu Licht und Schatten

Als zweiter Punkt wird das politische Engagement Albert Camus', als dritter die Glücksethik ausgeführt.

6.1 Die Gefühls- und Sozialethik

Kann man von einer Sozialethik bei Albert Camus sprechen? Höffe definiert sie so:

> „Zu den Prinzipien einer Sozialethik gehören auch Solidarität als Mitgefühl und Hilfe für Notleidende und Unterdrückte sowie Toleranz als Achtung andersartiger Anschauungen und Handlungsweisen. Als Prinzip der Unantastbarkeit der Würde des Menschen, als Grundrechte und als normative Leitprinzipien [...] sind die Grundforderungen der Sozialethik in die Verfassungen moderner Staaten eingegangen, [...]"[348]

Wenn man sie als theoretische Wissenschaft vom Funktionieren der Gesellschaft oder der gerechten Verteilung von Gütern auffasst, dann kann man Camus damit sicher nicht in Verbindung bringen; aber von dieser Fragestellung grenzt sich die Sozialethik von der Soziologie bzw. der Wirtschaft bewusst ab, indem sie sich um die interpersonalen Beziehungen und das Streben nach Gerechtigkeit zwischen einzelnen Gruppen bemüht sieht:

> „Gegen natürliche Neigungen und Veranlagungen wie Egoismus, Neid, Machtstreben, Haß und dergleichen führt die Sozialethik Nächstenliebe, Mitleid, Toleranz, Rücksichtnahme und Solidarität ins Feld, [...]"[349]

In diesem Fall deckt sich ein erstaunlich großer Bereich der Camus'-schen Vorstellungen mit ihr. Die Problemstellung des moralischen Verhaltens des Einzelnen zu den Mitmenschen ist bei Camus mit am besten ausgearbeitet. Schon im Übergang von der absurden Phase, die strikt individuell gehalten ist, zum Zyklus der Revolte, bemerkt man die enormen Anstrengungen, die Camus machen muss, um die Verlagerung vom Einzelnen zur Gemeinschaft zu bewerkstelligen.

348 Höffe, *Lexikon der Ethik*, S. 276
349 Annemarie Pieper, *Ethik und Moral*, S. 59

In der *Pest* finden wir als zentrales Thema den gemeinschaftlichen Kampf der Hauptpersonen, von denen jeder verschiedene Aspekte des Camus'schen Ethos verkörpert und die einer - mitunter versteckten - Kritik und Bewertung unterzogen werden. Camus weist auf die vollzogene Entwicklung vom einsamen Kampf zur gemeinschaftlichen Aktion ausdrücklich hin:

> „Comparée à *l'Étranger, la Peste* marque, *sans discussion possible,* [Hervorhebung vom Autor] le passage d'une attitude de révolte solitaire à la reconnaissance d'une communauté dont il faut partager les luttes. S'il y a évolution de *l'Étranger* à *la Peste,* elle s'est faite dans le sens de la solidarité et de la participation."[350]

Um zu zeigen, welche Verhaltensweisen und Eigenschaften Camus in einer Gemeinschaft für geboten und für moralisch gut hält, ist *Die Pest* der wohl ergiebigste Roman. Folgt man dem schon zitierten Motto „Wenn du Philosoph sein willst, schreib Romane" in Verbindung mit seinen theoretischen Überlegungen, dann ist das Ziel, aus den Romanen und Theaterstücken in einer philosophisch orientierten Interpretation die Merkmale seiner Moral herauszuarbeiten. In einem ersten Schritt geht es dabei um das soziale Engagement und die Eigenschaften der Protagonisten, mit besonderem Augenmerk auf Rieux: „Rieux ist es, der für mich steht."[351] Natürlich darf *Die Pest* nicht einschichtig gelesen werden. Neben der erwähnten Entwicklung von *solitaire* zu *solidaire* ist es natürlich auch eine Beschreibung des Kampfes gegen den Nationalsozialismus. Camus selbst klärt die Symbolik auf und verweist auf die Mehrschichtigkeit:

> „La Peste, dont j'ai voulu qu'elle se lise sur plusieurs porteés, a cependant comme contenu évident la lutte de la résistance européenne contre le nazisme."[352]

---

[350] Albert Camus, *Lettre à Roland Barthes sur la Peste.* in: *Théâtre, Récits, Nouvelles.* Bibliothèque de la Pléiade. Paris: Gallimard, 1962, S. 1973/74

[351] Albert Camus, *Brief an Pierre Borel vom 15.10.1948* in Todd, S. 457

[352] Albert Camus, *Lettre à Roland Barthes sur la Peste,* S. 1973; wobei man, ohne *Die Pest* zu überlasten, nicht nur vom Kampf gegen die Nazis sprechen kann, sondern auch vom Kampf gegen das Böse schlechthin.

Andere deutliche Hinweise darauf sind die Kalkgruben und die Bahn, die zu den Krematorien[353] fährt.

6.1.1 *Solidarität*

Rieux' Beruf, und in seinem Fall auch Berufung, ist es, Arzt zu sein. Er hat es sich zur Lebensaufgabe gemacht, anderen Menschen zu helfen. Die Leidenschaft und Überzeugung, mit der er seinen Beruf ausübt, setzen eine tiefe Liebe zu anderen Menschen voraus, und gehen über die Solidarität, die Camus in *MR* einfordert, weit hinaus. Um die Bedeutung Rieux' richtig einschätzen zu können, muss man sich bewusst machen, dass Camus eine versteckte Hierarchie aufbaut. Die Personen der *Pest* sind drei Phasen zugeordnet: der unwissenden, der absurden und dagegen revoltierenden, und der liebenden. Überleben werden nur diejenigen, die sich über den Kampf gegen die Pest hinaus zur Liebe weiterentwickelt haben. Grand und Rambert sind nicht nur Rieux' loyale Mitstreiter gegen die Pest, sondern haben auch zu ihrer Liebe zurückgefunden, bzw. sie während des Kampfes gegen die Pest nicht in Vergessenheit geraten lassen.[354] Grand überwindet seine Hemmungen und Schreibblockade und schreibt seiner Geliebten Jeanne; Rambert gibt seine Fluchtversuche auf, um den Sanitätstruppen beizutreten. Er ist dadurch sowohl der Revolte (Kampf gegen die Pest) als auch der Liebe (seiner Frau) loyal. Auch Castel, der andere Arzt, und seine Frau, die freiwillig zu ihm in die pestverseuchte Stadt zurückkehrt, überleben, denn sie entdecken ihre Liebe zueinander wieder:

> „[...] neben dieser unvermutet entdeckten Wahrheit [hatte] die Pest wenig Bedeutung."[355]

Dieser Logik zufolge müsste Rieux wie Tarrou auch sterben, denn er ist so im Kampf gegen die Pest befangen, dass er seine Frau ver-

---

[353] vgl. *Die Pest*, S. 145

[354] vgl. *Die Pest*, S. 248

[355] *Die Pest*, S. 58

nachlässigt.[356] Schon bei ihrem Abschied am Bahnhof entscheidet er sich gegen sie:

> „Rieux machte eine Bewegung gegen den Zug, kehrte sich dann aber dem Ausgang [den Ratten und der Pest] zu."[357]

Auch Grand hat seine Jeanne über seiner Arbeit vergessen[358] und erkrankt deshalb auch im Gegensatz zu Rambert, der immer treu an seine Frau denkt, erholt sich aber als einer der wenigen auf wunderbare Weise. Im Falle Rieux' stirbt aber nicht dieser selbst, sondern seine Frau, denn er gehört in das Schema der 'dritten Gruppe', die als Ausnahme gilt, weil sie die Stufe der universalen Liebe erreicht hat, was es z. B. Rieux unmöglich werden lässt, bei seiner kranken Frau zu sein, da es ihm eine unbedingte Pflicht ist, sich um die vielen Pestkranken in der Stadt zu kümmern:

> „Es sollte natürlich eine dritte Gruppe geben, jene der wahren Ärzte. Aber tatsächlich begegnet man nur wenigen, und es muss schwer sein."[359]

Diese Worte sagt Tarrou an einer der entscheidenden Stellen des Romans, in der er sein Leben offenbart und sich selbst der zweiten Gruppe zuordnet.[360] Er versucht „ein unschuldiger Mörder"[361] zu sein, weil er erkannt hat:

> „[...] dass selbst diejenigen, die besser sind als andere, es heute nicht mehr vermeiden können, zu töten oder töten zu lassen, [...]"[362]

Bei Grand und Rambert ist es die Solidarität, die sie dazu veranlasst, sich dem freiwilligen Sanitätsdienst anzuschließen, der auf Initiative von Tarrou gegründet wird. Der Erzähler bemerkt an dieser Stelle,

---

356 vgl. *Die Pest*, S. 153/154, vgl. auch Brée, *Albert Camus: Gestalt und Werk*, S. 135

357 *Die Pest*, S. 11

358 vgl. *Die Pest*, S. 67

359 *Die Pest*, S. 206

360 vgl. *Die Pest*, S. 199 „[...] dass ich an der Pest litt, lange bevor ich diese Stadt und diese Epidemie kennen lernte."

361 *Die Pest*, S. 206

362 *Die Pest*, S. 205

dass die damit ausgedrückte Solidarität eigentlich selbstverständlich ist, und ein Nichtstun unglaublich. Das ergänzt Camus' im *MR* ausgedrückte Überzeugung, dass die Gemeinschaft eine Grunderfahrung ist, die nicht besonders hervorgehoben zu werden braucht, weil sie die Isolation des absurden Menschen beendet. So selbstverständlich ist der Kampf hingegen ganz und gar nicht, wenn man bedenkt, dass die Protagonisten eine Arbeit aufnehmen, die sie beständig einer tödlichen Gefahr aussetzt.[363]

Wenn man das Symbol der Pest zurückübersetzt, war der Kampf in der Résistance nichts weniger als ein aufopferungsvoller Einsatz, äußerst gefährlich und oft genug tödlich, und bedurfte eines ausgeprägten Verantwortungsgefühls und Mutes. Und nur die wenigsten, keineswegs alle, verschrieben sich diesem Widerstand.

Die Verbundenheit mit anderen[364] drückt sich durch Engagement und Hilfe aus. Sie überzeugen alle durch zupackendes Handeln und sind ausgeprägte Tatmenschen.[365] Darin zeigt sich Camus' tiefe Überzeugung, dass ausschließlich die direkte Erfahrung der, wie er sie bezeichnet, 'Abstraktion' entgegentreten kann. Sowohl die Pest als auch die Trennung von Liebenden[366] und die Bürokratie werden als Abstraktion benannt. Camus' Angst bestand darin, dass Abstraktion, wie auch immer geartet, die moralischen Anfangsgründe zerstört oder vergessen lässt. Auch durch den *MR* zieht sich als roter Faden die Forderung, über Systemen und Moralprinzipien den Einzelnen, die konkrete Wirklichkeit, nicht zu verlassen, weil ohne die

---

[363] vgl. dazu auch Todd, S. 347ff., Camus beobachtet als Rekonvaleszent eine Solidarität und Nächstenliebe mit verfolgten Juden, wo über 5000 von ihnen mit einer außerordentlichen Selbstverständlichkeit versteckt und beschützt werden.

[364] Schon die Erzählperspektive ist, wie Jaqueline Lévi-Valensi, *La peste d'Albert Camus*. Paris: Editions Gallimard, 1991, S. 76f. bemerkt, ein Indiz dafür; es spricht kein überhöhter allwissender Erzähler, sondern jemand, der mit den Pestkranken auf einer Stufe steht.

[365] vgl. *Die Pest*, S. 43, S. 108, S. 109

[366] Die Pest hat als eines der Haupthemen die Trennung; der Arbeitstitel hieß lange Zeit auch *Les Séparées*.

Bindung an Mitgefühl und Solidarität auch die beste Absicht und die vollkommene Utopie un-menschlich und lebenszerstörend wird:

> „Daher stützt sie [die Revolte] sich zuerst auf die konkreteste Wirklichkeit, den Beruf, das Dorf, durch die das Sein, das lebendige Herz der Dinge und der Menschen durchschimmern."[367]

So beruht z. B. Camus' Bewunderung von Simone Weil auf der Tatsache, dass sie ihre Überzeugung und Philosophie 11 Jahre bei härtester Arbeit in Fabriken unter Beweis stellte, ebenso wie er Sartre aufgrund dessen Nicht-Übereinstimmung zwischen Theorie und Praxis verachtete: So war es ihm wohl eine immerwährende Belustigung, dass Sartre bei der Befreiung von Paris schlummernd in einem Sessel in der leer stehenden Comedié-Francaise gefunden wurde, die er besetzen sollte.[368]

Bei jedem Protagonisten der *Pest* ist ein Wesenszug besonders ausgeprägt, auf den sich seine Moral stützt, und was letztendlich sein Antrieb zu handeln ist. Bei Tarrou ist es das Verständnis[369], bei Rambert der Gemeinschaftssinn[370], bei Grand eine selbstverständliche Güte[371] und bei Rieux schließlich das Mitgefühl, seine tiefe Menschlichkeit[372]. Sie alle sind die Mosaiksteine einer Gefühlsethik. Aus einer gefühlten Solidarität heraus entwickeln sich Güte, Barmherzigkeit und das Bedürfnis zu helfen. Helfen kann nur bedeuten, dass der Schmerz und das Leid verringert werden, was Rieux' Aufgabe ist:

> „[...] man kann nicht gleichzeitig heilen und wissen. Also wollen wir so schnell wie möglich heilen. Das ist das dringendste."[373]

Auch im *MR* vermerkt Camus als Skandal:

---

[367] *MR*, S. 241
[368] vgl. Todd, S. 624
[369] vgl. *Die Pest*, S. 106
[370] vgl. *Die Pest*, S. 169
[371] vgl. *Die Pest*, S. 109
[372] vgl. *Die Pest*, S. 156, S. 207, S. 167
[373] *Die Pest*, S. 170, vgl. auch S. 104

> „Seit zwanzig Jahrhunderten hat die Summe des Bösen in der Welt nicht abgenommen."[374]

Die Forderung, das Leiden der Welt zu verringern, bezieht sich auf das zweite der beiden Ziele der Revolte, dem Verlangen nach Gerechtigkeit. In einer Welt, die wahrhaft gerecht wäre, dürfte auch kein Mensch mehr leiden. Die empörendste Ungerechtigkeit ist noch immer, wenn es einigen Leuten gut geht, während andere leiden, sei es, weil sie hungern, sei es, weil es keinen Arzt gibt, der ihnen hilft:

> „Eine Ungerechtigkeit haftet an jeglichem Leiden, [...]"[375]

Deshalb bezeichnet Camus die Pest auch als die „bedingungslose Gerechtigkeit"[376], weil vor der Pest die Menschen gleich sind, da *alle* leiden. Er macht sich darüber lustig, manchen Toten eine Medaille zu verleihen, um so künstlich die Hierarchie wiederherzustellen. Auch in *Der Belagerungszustand* wird betont, dass gerade durch die Zufälligkeit, mit der die Pest ihre Opfer auswählt, der größte Eindruck gemacht wird[377], und nicht etwa nur, weil wie ein Alkade fälschlicherweise meint, sie „[...] hauptsächlich die armen, übervölkerten Außenquartiere"[378] befällt. Das andere Extrem ist eine utopische Welt, in der niemand mehr leidet.

Als Kritikpunkt gegen ein tief empfundenes, universales Gemeinschaftsgefühl lässt sich z. B. ein ausgeprägter Individualismus nennen, was Camus in einem Interview vom 15.11.1945 auch widerwillig anerkennt.[379] Die Verachtung anderer Menschen kann sich als veritables Hindernis erweisen. Solidarität ist auf Mithilfe angewiesen und stößt bei einer Verweigerung schnell an ihre Grenzen.

---

374 *MR*, S. 246

375 *MR*, S. 246

376 *Die Pest*, S. 138

377 vgl. Camus, *Der Belagerungszustand*, S. 173 in: *Dramen*

378 Camus, *Der Belagerungszustand*, S. 134

379 vgl. Camus, *Essais*, S. 1424/25

6.1.2 Tugendethik

Alles, was die Helden der *Pest* antreibt, zu handeln und der Gemeinschaft zu helfen, verwirklicht sich durch ihre Tugenden. An erster Stelle kommen die schon genannten: Güte, Mitleid und Barmherzigkeit. Aber diese rein altruistischen Eigenschaften sind ohne die Tugenden Mut und vor allem Ehrlichkeit nicht denkbar. Wenn man die Pest als Absurdität auffasst, „Sogar die, die sie nicht haben, tragen sie im Herzen."[380], dann benötigt man für den Kampf gegen sie vor allem den festen Willen, sich nicht selbst zu betrügen. Diese Tugend tritt unter fast identischen Benennungen auf. Was im *Mythos* Klarsichtigkeit[381], in *Die Pest* Ehrlichkeit[382] und in *Der Fall* Aufrichtigkeit[383] heißt, bedeutet immer die Fähigkeit, dem Absurden ins Auge sehen zu können, um in lebenslangem Kampf die Widersprüche ohne Flucht auszuhalten.

Ein anderer Schlüsselbegriff ist Mut (*courage*), unverzichtbar gerade in einer auf Widerstand und Revolte ausgelegten Philosophie. Sowohl praktisch – im Kampf gegen Diktatur und Ungerechtigkeit –, als auch theoretisch – den absurden Widersprüchen ein Leben lang die Stirn zu bieten – erfordert höchsten Mut, den längst nicht jeder besitzt. In der *Pest* zeigt vor allem Tarrou Mut, aber jeder, der Tag für Tag Pestkranke pflegt, besitzt ihn ebenfalls im Übermaß. Expliziter wird Camus diesbezüglich im *Belagerungszustand*. Es ist einzig und allein Diegos Mut, der die Tyrannei der Pest zu erschüttern vermag. Diego überwindet seine Angst und beginnt sich aufzu-

---

380 *Die Pest*, S. 93

381 *MvS*, S. 99

382 *Die Pest*, S. 134, wo Rieux sagt „[...]aber die einzige Art, gegen die Pest zu kämpfen, ist die Ehrlichkeit."; vgl. dazu auch *Die Pest*, S. 107 „[...] es gibt keine wahre Güte noch Liebe ohne die größtmögliche Hellsichtigkeit."

383 natürlich in das Gegenteil verkehrt, Clamans lügt ohne jede Bedenken (Albert Camus, *Der Fall*. Reinbek bei Hamburg: Rowohlt Verlag, 1968, S. 60), und wählt als Emblem den Januskopf (ebd, S. 36), und der Roman schildert das Zerbrechen seiner unaufrichtigen Scheinwelt (z. B. sein früherer Beruf, das Abwenden am Fluss).

lehnen, was schlussendlich zum Zusammenbruch der Schreckensherrschaft führt[384], erkennend, dass die stärkste Waffe der Menschen ihre Gemeinschaft ist,

> Diego „[...] Wegen der Feigheit der anderen ist jeder von uns allein."[385],

die ihnen schließlich den Mut verleiht, gegen die Schreckensherrschaft der Pest anzukämpfen. Zu Diegos Mut gehört auch die Selbstlosigkeit, mit der er seinen Tod für das Leben Victorias in die Waagschale wirft. Hier spielt auch der Ehrbegriff mit hinein, denn Stolz und Ehre sind für Camus keine leeren Begriffe, und bringen in diesem Fall Diego dazu, sein Leben hinzugeben.[386]

Mut, Großherzigkeit und Stolz vereinen sich zu dem, was Camus als 'innere Aristokratie' bezeichnet, „[...] denn die echte Aristokratie ist Forderung an sich selbst."[387]

Sein Bekenntnis zum *code de la rue* ist ihm verächtlich als 'Gassenmoral' angekreidet worden. In *Hochzeit des Lichts* spricht er aus, was damit gemeint ist:

> „[...] und 'Tugend', glaube ich, ist in ganz Algerien ein Wort ohne Bedeutung. Deshalb fehlt es diesen Menschen nicht etwa an festen Grundsätzen. Man hat seine Moral und zwar eine durchaus eigenwillige. Man lässt seine Mutter 'nicht im Stich'. Man beschützt seine Frau auf der Straße. Man ist zuvorkommend gegen Schwangere. Man fällt nicht zu zweien über einen Einzelnen her, weil das 'sich nicht gehört'. Wer diese einfachsten Gebote nicht beachtet, 'ist kein Mann'; damit ist alles gesagt. Das scheint mir eine gerechte und gesunde Auffassung zu sein."[388]

Ich denke, hier muss man zwischen einer echten Tugendhaltung, die der oben erwähnten Aristokratie entspricht und den zu Recht

---

384 vgl. Camus, *Der Belagerungszustand*, S. 170, sowie Todd, S. 519

385 Camus, *Der Belagerungszustand*, S. 169, sowie S. 180

386 vgl. Camus, *Der Belagerungszustand*, S. 181 Diego „Ich lechzte nach Ehre.", bzw. Die Pest „Der Stolz bringt sie um."

387 vgl. *TB* 2, S. 163

388 Camus, *Hochzeit des Lichts*, S. 100 in: *Literarische Essays*

kritisierten 'Regeln der Straße' unterscheiden. Die im Zitat erwähnten Verhaltensregeln entspringen viel eher einem 'ungeschriebenen Gesetz', das sich lückenhaft (z. B. nur für Männer) und ohne nähere Begründung („das gehört sich nicht") darbietet, und eben *nicht* einer inneren tugendhaften Gesinnung.[389]

Darüber hinaus ist die Feststellung, dass Tugend in Algerien ein Wort ohne Bedeutung sei, wohl so zu verstehen, dass Tugend selbstverständlich ist, und ohne philosophische Theorie direkt in den Handlungen zum Ausdruck kommt und nicht etwa, dass sie unwichtig oder gar nicht vorhanden sei.

Tugenden verkehren sich im Übermaß allerdings zu Untugenden, ein Gedanke, der auf die *mesotes*-Lehre von Aristoteles zurückgeht, die Tugend in der Mitte zwischen zwei Extremen festmacht.[390] Ein so stark vom griechischen Denken beeinflusster Philosoph wie Camus war sich dieser Lehre wohl bewusst, und in der Tat erlangt das Maß (*mesure*) bei ihm eine sehr umfassende Gültigkeit, z. B. im Thema des Essays *Helenas Exil*.[391] Das Erkennen der Grenzen des Menschen im Angesicht der Majestät der Welt ist der erste und natürlichste Schritt, um die Allgegenwart des Maßes anzuerkennen. Wenn der europäische Mensch in seiner Verblendung und seinem Größenwahn[392] alle Grenzen überschreitet, weil er diese Tugend – oder besser Haltung zur Welt[393] – glaubt missachten zu können, dann straft ihn *Nemesis*, die griechische Göttin des Maßes, bzw. etwas weniger poetisch, die Natur:

---

389 später, in *Der Erste Mensch*, schränkte Camus diese Gassenmoral ein, nachdem es Kritik von allen Seiten gehagelt hatte, vgl. dazu Albert Camus, *Der Erste Mensch*. Reinbek bei Hamburg: Rowohlt Verlag, 1997, S. 235f.

390 Aristoteles, *Nikomachische Ethik*. 1107b (Auf der Grundlage der Übersetzung von Eugen Rolfus hrsg. von Günther Bien). Hamburg: Felix Meiner, 1972, S. 37

391 Der Gedanke der Mitte ist auch bei Pascal („Pascal, der größte von allen, heute und gestern", so Camus in *TB 2*, S. 221) eminent wichtig.

392 Camus, *Helenas Exil*, S. 158

393 vgl. *MR*, S. 245

> „Die Natur jedoch bleibt. Sie setzt dem Irrsinn der Menschen ihre ruhigen Himmel und ihren Sinn entgegen – bis auch das Atom Feuer fängt und die Geschichte im Triumph des Verstandes und im Untergang der Menschheit endet. Doch die Griechen sagten nie, dass die Grenzen nicht überschritten werden könnten. Sie sagten, die Grenze bestehe, und jener werde ohne Gnade getroffen, der sie zu überschreiten wage."[394]

Die Forderung nach der 'Mitte' erstreckt sich, wie in Punkt C 3.3 dargelegt, auf die Revolte selbst, „Die Revolte ist das Maß, sie befiehlt es, verteidigt es und erschafft es neu"[395], und spielt den entscheidenden Mittler zwischen absoluter Gerechtigkeit und absoluter Freiheit. Aber das kann sie nur, wenn sie zuvor ein integraler Teil der Weltanschauung geworden ist, wie es, wie Camus betont, bei den Griechen der Fall war, und was im modernen Europa verloren gegangen ist. Das ist vor allem auf ein übersteigertes und falsches Vertrauen in die Wissenschaften (Vernunft) zurückzuführen.

6.2 Die politische Ethik

Interessant ist es, den Autor an seinen eigenen Worten zu messen. Camus entwirft eine bestimmte Vorstellung, wie moralische Handlungen aussehen sollen; er unterstreicht die Dominanz der Ethik als prima philosophia; er verweist stets auf die diesseitige Welt und den direkten Kontakt mit ihr; wie hat also er, der das Absurde so intensiv gespürt hat, seine daraus entsprungene Philosophie gelebt?

Camus gelingt es auf überzeugende Weise die zwei Ideale der Revolte, Freiheit und Gerechtigkeit, in die Tat umzusetzen. Dabei verliert er das Bestreben nach Maß und nach einer umfassenden Solidarität nie aus den Augen. In einer Zeit, als die Mehrheit der Franzosen ohne Bedenken den Satz 'Nur ein toter Deutscher ist ein guter Deutscher' unterschrieben hätten, denkt er in den *BADF* bereits wieder an Versöhnung.[396]

---

394 Camus, *Helenas Exil* S. 158

395 *MR*, S. 244

396 vgl. Thody, *Albert Camus*, S. 102

Das ist um so überzeugender, als er sich sowohl als verblüffend guter Prophet erwies[397], als auch bei seinem Kurs blieb, obwohl er sich in den frühen fünfziger Jahren im Kreuzfeuer der Kritik wiederfand. Als ein Gegner der kommunistischen Politik in Osteuropa war er in den sehr kommunistisch gefärbten linken Intellektuellenkreisen in Paris isoliert.[398] Für die Linken war er zu moderat und nicht linientreu, für die Rechten nicht konservativ genug. Camus erkannte sehr früh, dass Russland unter Stalin deutliche Kennzeichen eines faschistischen Systems aufwies:

> „[Rußland ist] heute ein von Wachtürmen umstelltes Land der Sklaverei [...]. Ich werde bis zum Ende dagegen kämpfen, dass dieses KZ-Regime als Werkzeug der Befreiung und Schule des künftigen Glücks verehrt wird."[399]

Das richtete sich vor allem gegen Sartre, der das kommunistische Russland als den entscheidenden und unmöglich zu umgehenden Faktor[400] in Hinblick auf eine ideale zukünftige Gesellschaft ansah, und deshalb bereit war, selbst bekannt gewordene Gräueltaten stillschweigend zu übergehen.[401] Aber während Sartre sich zunehmend von der Haltung verabschieden musste, dem Lager der Kommunisten stünden die Verbrechen der Kapitalisten gegenüber, konnte Camus seiner Linie treu bleiben, und hat sich heute in dieser Hinsicht vor Sartre bewährt:

---

397 vgl. Thody, *Albert Camus,* S. 175/76, er erwähnt u. a. die spanische und ungarische Tyrannei, den zeitgenössischen Kommunismus, den algerischen Bürgerkrieg, die Unterstützung von Mendès-France 1955; vgl. dazu Todd, S. 416 „Am 8. August 1945 ist Camus der einzige Chefredakteur Frankreichs, der sein Entsetzen über den Abwurf der amerikanischen Atombombe auf Hiroshima zum Ausdruck bringt."

398 vgl. Todd, S. 589f.

399 Albert Camus, *Fragment eines Briefes von 1952, Adressat nicht identifiziert* in: Todd, S. 589

400 Sartre arbeitete sogar sein ontologisches System, das er in *Das Sein und das Nichts* entworfen hatte, in der *Kritik der dialektischen Vernunft* so um, dass es auf den Kommunismus anwendbar wurde.

401 z. B. die antisemitische Ärzte-Verfolgung Anfang 1953; vgl. dazu Todd, S. 614

> „Manche seiner Vorstellungen aus der *politischen Philosophie* sind jetzt, am Ende des 20. Jahrhunderts, diskutabler als jene Ideologien, die mit dem Zusammenbruch der kommunistischen Welt untergingen."[402]

Camus' politische Ethik drückt sich am deutlichsten in der Algerienfrage, die ihn ein Leben lang stark emotional bewegt hat und in seinem Einsatz als Résistance-Mitglied aus.

6.2.1 Algerien

1939 schreibt der 26jährige Camus für den *Alger Républicain* eine Artikelserie mit dem Titel *Misère de la Kabylie*. Darin spricht er von einer „exploitation intolérable du malheur"[403] der Kabylen, einem algerischen Volksstamm. In emotionsgeladenen Anklagen macht er auf die beklagenswerten Zustände dieser Volksgruppe aufmerksam. Die menschenunwürdige Hungersnot[404], die ausbeuterischen Löhne, und die Politik, Wirtschaft und Bildung betreffende Misere sind die Themen der Artikel, die alle von der Erschütterung des jungen Camus ob der himmelschreienden Ungerechtigkeit geprägt sind. In der *Conclusion* schließlich fordert er von Frankreich Gerechtigkeit und die Wiedergutmachung der Ungerechtigkeiten, die es den Kabylen zugefügt hat.[405]

Diese Artikel sind der Beginn einer lebenslangen journalistischen Auseinandersetzung mit Algerien, das für den Algerienfranzosen (*pied noir*) Camus immer die geliebte Heimat bleibt.

Seine Position befördert ihn erneut zwischen die Fronten, was Camus in der Erzählung *Der Gast* thematisiert, wo der Lehrer Daru (Camus) allein in dem Land lebt, das er liebt, und es weder dem

---

402 Todd, S. 816

403 Camus, *Misère de la Kabylie,* S. 913 in: *Essais*

404 vgl. Camus, *Misère de la Kabylie,* S. 909, das Beispiel, wo alle drei Monate ein kleiner Sack voll Getreide (das bei den Franzosen nicht einmal für das Vieh gut genug ist) für eine fünfköpfige Familie ausgegeben wird, die sonst *nichts* anderes zu essen hat.

405 vgl. *Misère de la Kabylie*, S. 936

Araber noch dem Gendarmen recht machen kann. Obwohl er den Araber frei lässt, ihm Nahrung und Geld gibt, geht dieser ins Gefängnis, und auf der Tafel findet er die rätselhaften Worte „Du hast unseren Bruder ausgeliefert. Das wirst du büßen.".[406]

Für seinen Vorschlag eines föderalen Staates[407] – denn de Gaulle machte ihm durchaus Hoffnung auf eine Kohabitation –, der ein friedliches Miteinander von Arabern und Algerienfranzosen ermöglichen sollte, erntet er Kritik sowohl von den arabischen Extremisten als auch von der französischen Seite, wie z. B. Sartre, der für eine sofortige Unabhängigkeit Algeriens und einen Kampf an der Seite des algerischen Volkes eintrat.[408]

In der heißen Phase von 1956 trug er in der 'Höhle des Löwen' in Algier unter strengsten Sicherheitsvorkehrungen den *Aufruf für einen Burgfrieden in Algerien* vor, ein einziges Plädoyer für Menschlichkeit und Solidarität, dessen Ziel es war, die Zivilbevölkerung aus den Kämpfen auszunehmen.[409] Dies sah Camus gleichzeitig als ersten Schritt zu einer möglichen Versöhnung an. Auch hier setzt Camus seine persönliche Vorstellung von Maß und Gerechtigkeit in die Praxis um. In diesem und weiteren Aufrufen ist er immer fähig, beide Seiten zu sehen, und so Vermittlungsversuche auszuarbeiten, in denen er zwar sehr klar die Fehler beider Seiten benennt, und wie hier Algerier und Algerienfranzosen zu Kompromissen auffordert, aber dennoch sehr umsichtig auf dem schmalen Grat zwischen den Lagern wandert. Dafür stehen seine etwa 35 Artikel in *L'Express*, in denen ihm lange Zeit eine Versöhnung möglich scheint, und wo er sowohl die Gewalt der FLN als auch die der französischen Besatzungspolitik verurteilt.[410]

---

[406] Albert Camus, *Der Gast.* in: *Kleine Prosa.* Reinbek bei Hamburg: Rowohlt Verlag, 1961, S. 158; vgl. dazu Todd, S. 708

[407] vgl. Albert Camus, *Algerien 1958* in: *Fragen der Zeit*

[408] vgl. Todd, S. 671

[409] vgl. Albert Camus, *Aufruf für einen Burgfrieden in Algerien*, S. 179 in: *Fragen der Zeit*

[410] vgl. Todd, S. 661ff.

Gerade aber im *Aufruf für einen Burgfrieden in Algerien*, der vor allem die Zivilbevölkerung vor weiteren Opfern schützen soll, wird seine tief gehende Solidarität mit *allen* Menschen deutlich, die mit dem Bedürfnis verbunden ist, das Leid, soweit es in seiner Macht steht, zu verringern. Er hofft, dass er Algerien „ein Übermaß an Leiden ersparen" kann, weil er sich „an keines Menschen Tod freuen kann, welchem Lager er auch angehört", denn „nichts rechtfertigt den Tod der Unschuldigen"[411].

Nach 1956 schweigt Camus zum Algerienkonflikt[412], aber er handelt privat. Er schreibt Briefe und setzt sich für Verfolgte und Gefängnisinsassen ein.[413] Seine literarische Antwort besteht in den 1958 veröffentlichten Actuelles III, einer Sammlung seiner Reden, Artikel und Essays zu Algerien, in der – leider vergeblichen – Hoffnung, damit Lösungsansätze für die Algerienkrise bieten zu können und Einfluss zu nehmen[414], denn Camus „[...] wollte für Algerien, was jeder, allen voran Nadine Gordimer, heute Südafrika wünscht: ein gleichberechtigtes Zusammenleben zweier Völker in einer Nation und einen multiethnischen Rechtsstaat."[415]

6.2.2 *Résistance*

Ein ebenso einschneidendes Erlebnis war seine Zeit bei der Résistance, bei der er von 1943 bis zur Befreiung von Paris 1944 Mitglied war und von der wir leider wenig wissen. Aber seine Artikel, die er

---

411 Camus, *Aufruf für einen Burgfrieden in Algerien*, S. 177

412 vgl. Lottman, *Camus: Eine Biographie*, S. 487/88, weil er für seinen Weg weniger und weniger Unterstützung findet.

413 vgl. Todd, S. 734/35 mehr als 150 Fälle nach Camus Angaben, allerdings kann Todd trotz gründlicher Recherchen nicht feststellen, ob Camus selbst einen einzigen gerettet hat. (S. 779)

414 Die *Actuelles III* verkaufen sich sehr schlecht (vgl. Todd, S. 773), und Camus ist sich des Misserfolges bewusst. Im Vorwort schreibt er „Ich muss zugeben, dass die Wirkung bisher gleich Null war: meine 'Algerische Chronik' ist zugleich die Chronik eines Mißlingens." (*Vorwort zur Algerischen Chronik*, S. 168 in: *Fragen der Zeit*)

415 Todd, S. 821

während des Krieges im *Combat* und *Témoins* schrieb, zeigen den Mut und den unbedingten Willen, Widerstand zu leisten.[416] Er war Mitglied der Widerstandsgruppe 'Combat', der gute Freunde von Camus angehörten, wie z. B. Pascal Pia, René Leynaud, und André Malraux, für die er eine tiefe Bewunderung hegte.

Camus hat durch seinen couragierten Einsatz in der Résistance bewiesen, dass seine lebenslange literarische Beschäftigung mit dem Widerstand, wie sie sich u. a. in *Die Pest, Der Belagerungszustand, Die Gerechten,* und den *Briefen an einen deutschen Freund* wiederfinden, äußerst ernst zu nehmen ist. Seine Haltung spiegelt sich in folgendem Zitat wieder:

> „Aber ist der Krieg einmal ausgebrochen, ist es zwecklos und feige, sich unter dem Vorwand, man sei nicht für ihn verantwortlich, abseits zu stellen."[417]

Für ihn gilt, wenn man Unrecht wahrnimmt, dann gilt es unter allen Umständen zu handeln, um es mutig zu bekämpfen.[418]:

> „Es bedeutet im Gegenteil viel, der Folter und dem Tod entgegenzugehen, wenn man zutiefst und unverrückbar weiß, dass der Haß und die Gewalt an sich sinnlos sind."[419]

Es ist eine unbedingte Pflicht zu kämpfen, wie er hochachtungsvoll im Abschiedsbrief für René Leynaud anmerkt, dessen Mut und Pflichtgefühl für ihn ein Vorbild waren[420], und es sind keine leeren Worte, wenn Camus sagt „Es gibt immer eine Philosophie für den

---

416 vgl. Lou Marin, *Ursprung der Revolte: Albert Camus und der Anarchismus.* Heidelberg: Verlag Graswurzelrevolution, 1998, S. 115ff.

417 *TB 1,* S. 136

418 vgl. Albert Camus, *Misère de la Kabylie,* S. 911, „Mais qu'on agisse si on les [die ungeheuerlichen Zustände] trouve révoltants. Et si enfin on les trouve incroyables, je demande qu'on aille sur place."; vgl. auch *Die Pest,* S. 102 „Wer jedoch das Elend und den Schmerz sieht, die die Pest bringt, muss wahnsinnig, blind oder feige sein, um sich mit ihr abzufinden."

419 Camus, *BADF*, Erster Brief, S. 11

420 vgl. Camus, *René Leynaud,* S. 46 in: *Fragen der Zeit*

Mangel an Mut."[421], denn für ihn sind es vor allem der Mut und die Liebe, die der Verzweiflung entgegenwirken können.[422]

Als der deutsche Faschismus besiegt war, widmete Camus sich mit der gleichen Verve dem Kampf gegen ähnliche Ausprägungen, und deswegen war er auch entsetzt, als Spanien unter Franco 1948 in die UNO aufgenommen wurde, die doch als erklärtes Ziel hatte, den Faschismus zu bekämpfen. Er versuchte seinen Einfluss durch Petitionen, Teilnahme an Versammlungen und auch Artikel in einer spanischen Untergrundzeitung geltend zu machen.[423]

6.3 Die Glücksethik

Es ist bereits klar geworden, dass für Camus leben handeln bedeutet, und dass wir demnach unser Handeln auf moralische Richtigkeit hin überprüfen müssen. In anderen Worten stellt er so die Frage „Wie sollen wir leben" bzw. „Wie führe ich ein gelingendes Leben"? Diese, und die damit verbundene Frage nach dem höchsten anzustrebenden Gut, wurde in der abendländischen Tradition oft mit Glück beantwortet. Das scheint bei Camus unmöglich zu sein, ist sein Blick auf die Welt doch zuallererst von Verzweiflung und Sinnlosigkeit gekennzeichnet. Aber Camus bleibt nicht in diesem Pessimismus gefangen, sondern zieht es vor, seinem „…Schicksal in die Augen zu blicken."[424] Seine Antworten heißen Auflehnung und ständiger Kampf, die dem Leben Wert verleihen. Doch stellt sich die Frage, ob ein lebenslanger Kampf gegen Verzweiflung und drohenden Tod Glück nicht von vornherein ausschließt? Camus antwortet darauf mit einem klaren Nein, und zwar von Anfang an, denn bereits in den Essays von 1935-36 heißt es:

---

421 *TB 1*, S. 213 (1942)

422 Camus, *Actuelles I*, S. 300 (1944) in: *Essais*

423 vgl. Todd, S. 509/10

424 Albert Camus, *Zwischen Ja und Nein*, S. 47 in: *Literarische Essays*

> „Das alles ist unvereinbar? […] ein Tod, der nichts gutmacht, und auf der anderen Seite alles Licht der Welt." [425]

Es geht darum, das Geschenk des Lebens anzunehmen:

> „Was tut's, wenn man alles annimmt? […] Tod für alle, aber jedem sein eigener Tod. Schließlich wärmt die Sonne trotzdem unsere Knochen."[426]

Und obwohl das Dasein manchmal grausam ist, Alter und Tod uns bedrohen[427], ist es doch unmöglich für Camus, die Schönheit der Welt nicht zu empfinden; dies entbehrt nicht einer gewissen *Ironie*, (so auch der Titel der Erzählung) weil nämlich dieses Bewusstsein gerade auf der Beerdigung seiner Großmutter besonders intensiv wird. Ein anderer Titel macht diese Unvereinbarkeit, die Camus sein ganzes Leben lang gespürt hat, noch deutlicher: *Das Rätsel*.

> „Wo bleibt die Abgeschmacktheit der Welt? […] Wie konnte ich mit so viel Sonne im Gedächtnis über den Widersinn wetten?"[428]
>
> [schlechte Übersetzung; im Original heißt Abgeschmacktheit *absurdité*, und Widersinn *non-sens*.]

Damit drückt Camus aus, dass gerade im Angesicht des Absurden die Schönheit der Welt am deutlichsten hervortritt, denn „Glück und Absurdität entstammen ein und derselben Erde."[429], und dieses Paradoxon ist nicht lösbar. Aber Glück ist trotz Verzweiflung möglich; es sind im Wesentlichen die drei folgenden Facetten, die Glück in der Camus'schen Welt ermöglichen.

---

425 Albert Camus, *Ironie*, S. 35 in: *Literarische Essays*

426 Camus, *Ironie*, S. 35

427 vielleicht auch, weil für Camus aufgrund seiner Tuberkuloseerkrankung der Tod immer sehr nahe war.

428 Camus, *Das Rätsel*, S. 161 in: *Literarische Essays*; bzw. französisch in *Essais*, S. 861

429 *MvS*, S. 127

6.3.1 Freude am Leben und Naturschönheit

Zum ersten ist es die unerklärliche pure Lust am Leben, die spontan und nicht begründbar auftritt. Sie ist meistens mit der zweiten Facette, der Naturerfahrung verbunden. Manchmal gelingt es, die Kluft zwischen Mensch und Welt durch beinahe mystisch-ästhetisch zu nennende Naturerfahrungen zu schließen und zu einer Einheit zu gelangen. In *Die Wüste* heißt es:

> „Leidenschaft statt Gefühlswallungen; eine Mischung von Askese und Genuß; ein Zusammenklingen des Menschen und der Erde, was beide, den Menschen wie die Erde, in die Mitte zwischen Leiden und Liebe stellt."[430]

und:

> „Sie machte mir zur Gewißheit, dass ohne meine Liebe und ohne diesen steinernen Lobgesang alles Übrige sinnlos war. Die Welt ist schön, und außer ihr ist kein Heil."[431]

Ein anderes Beispiel hierfür ist die Kurzgeschichte *Die Ehebrecherin*: Die mystische Vereinigung mit der Natur wird als Ehebruch verstanden, auch weil ihr Ehemann in diesem Universum keinen Platz mehr hat und völlig vergessen wird.

> „Sie atmete frei, sie vergaß die Kälte, die menschliche Schwere, das wahngepeitschte oder erstarrte Dasein, die lange Bangigkeit des Lebens und des Sterbens. Nachdem sie so viele Jahre lang, vor der Angst fliehend, blindlings und ziellos dahingestürmt war, hielt sie nun endlich inne. Gleichzeitig hatte sie das Gefühl, zu ihren Wurzeln zurückzufinden, der Saft stieg wieder in ihrem jetzt nicht mehr zitternden Körper empor. [...] Im nächsten Augenblick breitete der ganze Himmel sich über ihr, die rücklings auf der kalten Erde lag."[432]

Zwei weitere Naturerfahrungen verdienen Beachtung, da Camus sie auch als Symbole verwendet. Zum einen ist dies das Meer, das eine

---

430 Camus, *Die Wüste*, S. 109 in: *Literarische Essays*

431 Camus, *Die Wüste*, S. 118/119

432 Albert Camus, *Die Ehebrecherin*, S. 125 in: *Jonas oder der Künstler bei der Arbeit*. Reinbek bei Hamburg: Rowohlt Verlag, 1998

Katharsis, aber auch den Moment des höchsten Glücks, eines Friedens und innerer Harmonie durch die Verschmelzung mit der Natur bedeutet. In den Romanen finden sich hierfür zahlreiche Beispiele[433], und in der *Pest* entfernen sich Tarrou und Rieux unerlaubt aus der Stadt, um ihre Freundschaft mit einem Bad im Meer zu besiegeln, das einzige Mal übrigens, wo sie ihre Pflicht bewusst vergessen:

> „ 'Wissen Sie, was wir für die Freundschaft tun sollten?' " [...] 'Im Meer baden. Das ist sogar für einen zukünftigen Heiligen ein würdiges Vergnügen.' "[434]

Camus literarisches Ich sagt sogar einmal: „Ich vermähle mich dem Meer."[435]

Zum anderen ist es die Sonne, die den Gegenpart zur Verzweiflung darstellt. Camus spricht von einer „weißen und schwarzen Klarheit"[436]; gemeint ist die Schönheit der Natur, ihr Licht, und, auf der anderen Seite, das Bewusstsein der Absurdität, die sich typischerweise als Pole gegenüberstehen.[437] Die Sonne symbolisiert dabei die Liebe zum Leben und die Freude am Dasein:

> „Es war echt, ein richtiges Licht des Lebens, eines Nachmittags des Lebens, ein Licht, das einem zum Bewusstsein bringt, dass man lebt."[438]

Camus spricht von der 'Lehre der Sonne', aus der er Kraft schöpfen kann, und die ihm lieb und teuer ist, weil sie sich als einzige der Verzweiflung entgegenstellt[439]:

---

433 vgl. Albert Camus, *Der glückliche Tod*, Reinbek bei Hamburg: Rowohlt Verlag, 1983, S. 108, S. 125f.; vgl. auch Camus, *Der Fremde*, S. 26

434 *Die Pest*, S. 208

435 Camus, *Das Meer*, S. 184 in: *Literarische Essays*

436 Camus, *Das Rätsel*, S. 161

437 vgl. Camus, auch *Tod im Herzen*, S. 61 in: *Literarische Essays*

438 Camus, *Tod im Herzen*, S. 55

439 vgl. Camus, *Literarische Essays*, Vorwort, S. 19 „Sie [die Verzweiflung] ist nachher gekommen und sie hat alles in mir zu zerstören vermocht außer eben meinem zügellosen Lebenshunger."

> „Solcherart war meine ganze Liebe zum Leben: eine wortlose Leidenschaft für das, was mir vielleicht entgleiten würde, eine Bitterkeit unter einer Flamme."[440]

Es käme ihm nicht aufrichtig vor, zwischen beiden eine Wahl zu treffen, da sie untrennbar miteinander verbunden sind, denn:

> „Es gibt keine Liebe zum Leben ohne Verzweiflung am Leben."[441]

Die Sonne ist ausdrucksstarkes Symbol seiner Romane. Er wiederholt beispielsweise die Behauptung, dass Bewohner nördlicher Länder mit weniger Sonne benachteiligt sind, und dass auch ihre Mentalität darunter leidet. Es ist kein Zufall, dass *Der Fall* in den Niederlanden spielt, die Verzweiflung den Protagonisten in *Tod im Herzen* in Prag übermannt, er das Glück aber wieder in sich fühlt, sobald er nach Italien weiterreist. Am intensivsten ist dieses Gefühl (vor allem für Camus selbst) in Algerien fühlbar. Der Zyklus *Hochzeit des Lichts* handelt von nichts anderem als eben diesem Zusammenhang von Naturschönheit, Sonne und Glück.

Zu dem Zeitpunkt als die Tagebucheinträge einen zutiefst verzweifelten Menschen zeigen, reist er, sozusagen als Therapie, nach Tipasa, was er in *Heimkehr nach Tipasa* in glühenden Farben schildert. Sein Herz fängt wieder an zu klopfen, er lauscht den glücklichen Strömen in sich, spürt das Jubeln und die fröhliche Hinwendung zur Natur[442], und schließlich weicht die lange Dunkelheit von ihm:

> „Mitten im Winter erfuhr ich endlich, dass in mir ein unvergänglicher unbesiegbarer Sommer ist."[443]

Glück ist durch das der Verzweiflung entgegengestellte tief empfundene Gefühl der Freude am Dasein, durch das Anerkennen der Schönheit, möglich. Camus sagt:

---

[440] Camus, *Liebe zum Leben*, S. 67 in: *Literarische Essays*
[441] Camus, *Liebe zum Leben*, S. 68
[442] vgl. Camus, *Heimkehr nach Tipasa*, S. 176
[443] Camus, *Heimkehr nach Tipasa*, S. 177

> „Ich liebe dieses Leben von ganzem Herzen und will frei von ihm reden."[444]

Auch wenn das 'Ich' überwiegt, oft wechselt Camus vom 'Ich' zum 'Uns' und 'Wir'.[445]

Es ist also nicht nur eine persönliche Schilderung *seiner* (Camus') Gefühle, sondern ein Aufmerksammachen auf das andere Extrem der Existenz, das sich ebenso wie die Absurdität der Vernunft immer entziehen wird. Wenn es gelingt, diese beiden Pole in ein – zwar immer fragiles – Gleichgewicht zu bringen, dann ist das Leben lebenswert:

> „Unter seinem aus Tränen und Sonne gemischten Himmel lernte ich, ja zur Erde zu sagen und in der düsteren Flamme ihrer Lebensfeier zu verbrennen."[446]

6.3.2 Liebe zu Mitmenschen

Die oben genannte Freude am Leben und Verbundenheit mit der Natur und das daraus entstehende Gleichgewicht führen hin zur dritten Facette, der Zuwendung zu den Mitmenschen.

> „Er schaute auf Luciennes geschwellte Lippen und, hinter ihr, das Lächeln der Erde. Er umfaßte beide mit dem gleichen Blick und mit dem gleichen Verlangen."[447]

Es ist, so Camus, extrem schwierig, sich in Harmonie mit seiner Umgebung zu befinden. Er selbst kämpft sein ganzes Leben lang um dieses Gleichgewicht.[448] In der Revolte entsteht das Zusammengehörigkeitsgefühl durch gemeinsame Anstrengungen und die miteinander geteilte Situation, was wiederum die Basis für die 'Liebe', dem Leitmotiv der dritten Phase ist. 1956 notiert Camus in sein Tagebuch:

---

[444] Camus, *Hochzeit in Tipasa,* S. 80 in: *Literarische Essays*

[445] z. B. in Camus, *Hochzeit in Tipasa* und *Rückkehr nach Tipasa*

[446] Camus, *Die Wüste,* S. 121

[447] Camus, *Der glückliche Tod,* S. 135

[448] vgl. *TB 1* S. 440, sowie *TB 2,* S. 271f.

> „Die dritte Stufe ist die Liebe: der Erste Mensch, Don Faust. Der Mythos von Nemesis. Die Methode ist die Aufrichtigkeit."[449]

Wie aus der Aufzählung der Titel ersehen werden kann, ist dieser Teil des Werkes nicht mehr ausgeführt worden. Vom *Ersten Menschen* existiert zwar ein Manuskript, aber auch dort fehlt gerade der Teil, der von der Liebe zur Mutter handeln sollte.[450] Wegen der fehlenden Textgrundlage kann hier nur angedeutet werden, dass Liebe das höchste zu erreichende Ziel darstellt:

> „Hier begreife ich den höchsten Ruhm der Erde: das Recht zu unermeßlicher Liebe."[451]

Wie wir schon bei der *Pest* gesehen haben, geht Liebe weit über Solidarität hinaus. Auch schon in der *Pest* ist sie die einzige Macht, die die Krankheit besiegen kann, wie weiter oben ausgeführt. Sie ist nicht mehr begründbar, auch sprachlich nicht mehr zu fassen. Für Camus ist der Inbegriff der bedingungslosen und absoluten Liebe das Bild der *schweigenden* Mutter:

> „Es stimmt, er hat nie mit ihr gesprochen. Wozu auch, genau genommen? Im Schweigen wird alles klar."[452]

dass die Mutter für schweigende Mitmenschlichkeit steht, aus der heraus die Liebe wächst, ist ein Motiv, das sich schon in der *Pest*[453] und in *Das Mißverständnis*[454] findet, und in *Der erste Mensch* zu voller Ausfaltung kommen sollte:

> „Der Roman ist unter diesem Blickwinkel auf der ersten Ebene die Geschichte der Bewußtwerdung einer Liebe, nämlich die des *Corme-*

---

449 *TB 2*, S. 236

450 vgl. Franz Josef Klehr, Heinz Robert Schlette (Hrsg.), *Der Camus der fünfziger Jahre*. Stuttgart: Akademie der Diözese Rottenburg-Stuttgart, 1997, S. 85

451 Camus, *Hochzeit in Tipasa*, S.80. Das ist auch das Zitat, das auch auf seinem Grabstein eingemeißelt ist.

452 Camus, *Zwischen Ja und Nein*, S. 45; vgl. auch *TB 1*, S. 440; dort die Notiz zu dem Roman, der später *Der erste Mensch* wird: „In den Mittelpunkt werde ich wie hier das bewundernswerte Schweigen einer Mutter stellen..."

453 vgl. *Die Pest*, S. 236

454 vgl. Camus, *Das Mißverständnis*, S. 106

> *ry* zu seiner Mutter, er ist damit zum zweiten *Cormerys* Bewußtwerdung von Liebe überhaupt und darin, auf einer dritten Ebene, die Bewußtwerdung ihrer grundlegenden Bedeutung für menschliche Existenz."[455]

So lässt sich die Fähigkeit zu einer universalen und alles überragenden Liebe als die Vollendung eines Lebens auffassen, was nicht nur neben der oben genannten Grabinschrift von Camus zum Ausdruck kommt, sondern auch in dem folgenden Tagebucheintrag:

> „Das größte Unglück besteht nicht darin, nicht geliebt zu werden, sondern nicht zu lieben."[456]

6.4 Abgrenzung zu Cioran und Rorty

Die Darstellung der Camus'schen Ethik soll nun in zentralen Punkten den Ansätzen Ciorans und Rortys gegenübergestellt werden.

Cioran setzt dem *muss* der Revolte, das Camus mit „Atmen heißt Urteilen" und „Leben heißt Handeln" unter Unrechtsbedingungen einfordert, die *Untätigkeit* als Mittel gegen Tyrannei entgegen, weil das ursächliche Übel darin liegt, dass alle Menschen danach streben zu befehlen.[457] Es gibt nichts, das Cioran mehr anprangert als Fanatismus[458], dessen Hysterie unweigerlich zu Terror und Blutvergießen führt. Denn dadurch spaltet der Fanatiker die Menschen in Anhänger und Gegner, ganz abgesehen davon, dass Ideale am Ende immer korrumpiert werden.[459] Als die einzigen, die dann keiner Partei angehören, verbleiben nur noch die unbeteiligten Müßiggänger, Skeptiker, und Gleichgültige.[460] Sie besitzen den Vorteil, dass es für sie keine Wahrheit gibt, der sie folgen müssen:

---

455 Pechtl, *Kraft und Güte*, S. 209

456 *TB 2*, S. 56; vgl. dazu auch einige weitere Andeutungen in den Tagebüchern, wo er eine *echte* Liebe als alles überragend, und als alle Schwächen in Kauf nehmend charakterisiert, z. B. *TB 1*, S. 470 und *TB 2*, S. 23/24

457 vgl. *LvZ*, S. 133/134

458 vgl. *LvZ*, Abschnitt 1, *Genealogie des Fanatismus*, S. 7ff.

459 vgl. *LvZ*, S. 96

460 vgl. *LvZ*, S. 9, sowie S. 32

> „ 'Wenn es für dich weder ein höchstes Kriterium, noch ein endgültiges Prinzip, noch irgendeinen Gott gibt – was hält dich also vom Verbrechen zurück?'
>
> 'Ich entdecke in meinem Inneren ebensoviel Böses wie bei jedem beliebigen andern, aber da ich die Tat, die Mutter aller Übel, verabscheue, füge ich niemandem ein Leid zu.' "[461]

Letzten Endes lenkt der Zufall die Gedanken der Gleichgültigen, was bedeutet, sie tun „Weder Gutes noch Böses…"[462], und so kommen sie dem nie erreichbaren Ideal noch am nächsten, niemandem zu befehlen, oder ein Leid zuzufügen.[463]

Dem kann Camus entgegenhalten, dass Kampf gegen eine Diktatur notwendig ist, um Unrecht einzudämmen. Dieser Kampf ist ferner weder fanatisch, noch ist gesagt, dass er selbst unbedingt in eine Tyrannei, die ihrerseits befiehlt, abgleiten muss. Ein Leben, das darüber hinaus in völliger Gleichgültigkeit lebt, verurteilt sich außerdem selbst, weil es schon im Leben wie tot ist.

Rorty steht Camus gedanklich sehr viel näher. Wie wir bei den Punkten Solidarität (C 3.1) und dem Dilemma der Gewalt (C 3.2) bereits gesehen haben, unterstreichen beide die Wichtigkeit der Solidarität, und weisen darauf hin, dass Gewalt, respektive Grausamkeit das Schlimmste ist, was man anderen Menschen antun kann. Lediglich in der Frage nach der Notwendigkeit einer Begründung dieser Werte weichen sie voneinander ab.

Im dritten Teil seines Werkes *Kontingenz, Ironie und Solidarität* versucht Rorty die These aufzubauen, dass *Bücher* die entscheidende Rolle dabei spielen, unsere Grausamkeit zu vermindern. Das verdeutlicht er in den zwei Kapiteln, die Nabokov und Orwell gewidmet sind, zwei Autoren, die

---

461 *LvZ*, S. 188

462 *LvZ*, S. 32

463 vgl. *LvZ*, S. 130

> „[...] die Blindheit von Personen einer bestimmten Art gegenüber den Leiden von Personen anderer Art darstellen."[464].

Ihre Bücher sind Paradebeispiele eines Appells an ein aufmerksames Verhalten gegenüber Anderen, dem, was sie sagen[465], und worunter sie leiden. Gutes tun besteht darin, zu begreifen,

> „[...] was anderen Menschen wichtig, was ihr Bild des Guten ist."[466].

Wenn Rorty Orwells *Animal Farm* und *1984* benutzt, um über institutionalisierte Grausamkeit zu sprechen, fällt es nicht schwer, die Assoziation zu *Der Mensch in der Revolte* zu vollziehen, wo auf genau dieses Unrecht in verschiedenen Staatssystemen hingewiesen wird, unter anderem auch am Beispiel des Kommunismus. Ebenso lässt die Interpretation von Nabokovs *Lolita,* wo „[...] der Tod eines Kindes Nabokovs Standardbeispiel für äußersten Schmerz ist [...]"[467] an die zentrale Stelle von der *Pest* denken, wo der kleine Junge des Richters Othon stirbt. Man darf diesen Vergleich natürlich nicht zu weit treiben, und Camus in der absurden Phase ist dafür nicht geeignet. Aber wenn man Rortys These eines moralischen Fortschritts[468] ernst nimmt, und letzterer tatsächlich großenteils durch Bildung und Bücher[469] zustande kommt, dann sind *Die Pest* und *MR* eindrucksvolle Vertreter dieser Entwicklung. Sie haben in diesem Fall die Hoffnung erfüllt, die Camus in sie gesetzt hat.

---

464 *KIS*, S. 230, vgl. auch S. 281 „[...] was Orwell und Nabokov taten – sie sensibilisierten ihr Publikum für Fälle von Grausamkeit und Demütigung, die vorher nicht wahrgenommen worden waren –, [...]"

465 vgl. *KIS*, S. 266

466 *KIS*, S. 258

467 *KIS*, S. 266

468 *KIS*, S. 310 „Die Betrachtungsweise, die ich hier vorstelle, besagt, dass es tatsächlich etwas wie moralischen Fortschritt gibt und dass dieser Fortschritt wirklich in Richtung auf mehr Solidarität geht."

469 vgl. *KIS*, Kapitel 7 und 8, sowie Rorty, *Human Rights, Rationality and Sentimentalit,* S. 185

E Fazit

Die in der Einleitung gestellte Frage, ob es Camus gelingt, eine Brücke von *solitaire* zu *solidaire* zu schlagen, soll jetzt beantwortet werden, wobei zwei Interpretationen unterschieden werden sollen.

Bei einer strengen Auslegung Camus', bei der sich die Revolte ausschließlich aus dem Absurden legitimiert, ist es nicht möglich, aus dieser Argumentation heraus Werte zu gewinnen, denn konsequenterweise verurteilt die Absurdität alles zur Sinnlosigkeit und Wertlosigkeit, *selbst* die Auflehnung gegen sie. Das Fazit aus der Untersuchung der ersten Phase, ist, wie in Punkt B 3.1 gezeigt, dass im Angesicht des Absurden keine Moral möglich sein kann, denn die Absurdität bedingt eine absolute Gleichwertigkeit, und mit diesem Standpunkt ist keine Moral vereinbar, weil ethisches Handeln Wertungen impliziert.

Camus geht es zu dieser Zeit vielmehr um die Frage, ob das Leben *überhaupt* einen Sinn hat, also um die Abwehr von Verzweiflung, die angesichts des absurden Lebens übermächtig erscheint.

Deswegen ist auch der Bruch zwischen der metaphysischen und der historischen Revolte kaum zu schließen, wie in Punkt C 2.4.2 ausgeführt worden ist. Es ist nicht möglich, die amoralische, einsame Auflehnung gegen die Absurdität in einen solidarischen, ethisch geprägten Kampf gegen bestehendes Unrecht zu verwandeln. Eine strenge Interpretation, die ein durchgängiges Denkmodell von Camus' Anfängen bis hin zu einer Ethik annimmt, kann nicht fundiert werden, dazu sind die beiden Positionen zu unterschiedlich.

Wenn man hingegen nur die soziale Ausprägung des Phänomens der Revolte betrachtet, ohne es auf die Auflehnung gegen die Absurdität zurückzuführen, dann wird es möglich, in ihr einen Kampf gegen Unrechtsherrschaft zu sehen, der durch sich selbst Gemeinschaft und Solidarität erzeugt. In diesem Sinn gewinnen

Camus' Analysen enorm an Tragweite, denn seine Analyse der Revolte verliert nicht an Wert, selbst wenn es nicht gelingt, den Sprung von der metaphysischen (geistigen) zur historischen (sozialen) Revolte nachzuvollziehen. Dabei soll nicht unterschlagen werden, dass jede soziale Revolte geistige Wurzeln hat, nicht aber, dass sie sich direkt aus der Auflehnung gegen die Absurdität herleiten lässt, bzw., dass letztere in einen Protest gegen Unrecht und Leid umgedeutet werden kann, da sie sich ausschließlich gegen die Sinnlosigkeit richtet.

Das Entstehen der Solidarität *durch* die Revolte und *in* der Revolte ist viel einleuchtender, als es aus einem, allen gemeinsamen Erkennen der Absurdität herzuleiten. Es ist deswegen fruchtbarer und konsequenter durchhaltbar, Camus erst ab diesem zweiten Schritt zu folgen, wenn er die Notwendigkeit gegen Tyrannei zu revoltieren, aufzeigt, um in einem Kampf für Freiheit und Gerechtigkeit das allen Menschen Gemeinsame zu entdecken.

Das Gemeinsame ist nicht so sehr die verbindende Erkenntnis der Absurdität, als vielmehr das allen innewohnende Verlangen nach Freiheit und Gerechtigkeit. Das Bedürfnis nach Freiheit und Gerechtigkeit ist tatsächlich so fundamental, dass es sich, so der stichhaltige Einwand Rortys, nicht mehr begründen lässt, was sich ebenfalls in Bezug auf die Solidarität gezeigt hat. Gerade die Begründungsversuche Camus', sie aus der Absurdität zu begründen, lassen das Gesamtkonzept labil erscheinen, weil deren Herleitung nicht stringent gelingt.

Aufbauend auf den oben genannten fundamentalen Grundsätzen, die – wie z. B. auch die Schönheit der Welt – nicht von der Absurdität angegriffen werden können, gelingt es ihm jedoch, eine überzeugende Gefühlsethik aufzubauen. Protagonisten wie Rieux verkörpern eine Haltung, die von Mitleid, Barmherzigkeit und Nächstenliebe geprägt ist, und sehen es als oberste Pflicht an, das Leid der Welt zu verringern.

Als ungelöstes Problem bleibt jedoch das Dilemma der Gewalt, denn Mord bleibt immer Mord und kann nicht mit einem Selbstmord aufgewogen werden, wie Camus es in seinem Entwurf *Die Gerechten* gedacht hat. Der Gedanke einer gewaltlosen Revolte - wie Gandhi in Indien - bleibt Camus leider fremd, obwohl gerade sie dieses Kardinalproblem elegant gelöst hätte.

Durch den bewundernswerten Einsatz Camus' in der Résistance und der Algerienfrage, wie auch in seinem Kampf gegen die Todesstrafe und den engagierten Artikeln gegen Ungerechtigkeit (vor allem *Misère de la Kabylie*) lässt sich die Möglichkeit der Verwirklichung der Ideale der Camus'schen Ethik festmachen. Camus gelingt es, Achtung vor seinem persönlichen Entwurf zu erzeugen. Er setzt beispielsweise das Konzept des Maßes um, indem er auch in Krisensituationen (z. B. Aufruf für einen Burgfrieden in Algerien) immer auf eine Balance hinsteuert, und dabei versucht, selbst die extremen Standpunkte miteinander zu versöhnen. Dabei drückt sich auch die von ihm tief empfundene Gemeinsamkeit der Menschen untereinander aus, die von nichts anderem mehr abhängt. Als eine Lebensphilosophie, die auf ein striktes System verzichtet, hat sich Camus' Entwurf einer Ethik als mutig, ehrlich und praktikabel erwiesen.

F Literatur

Albert Camus:

CAMUS, ALBERT *Der Belagerungszustand. in: Dramen*. Ins Deutsche übertragen von Guido Meister. Reinbek bei Hamburg: Rowohlt Verlag, 1959.

CAMUS, ALBERT *Caligula. in: Dramen*. Ins Deutsche übertragen von Guido Meister. Reinbek bei Hamburg: Rowohlt Verlag, 1959.

CAMUS, ALBERT *Dramen*. Ins Deutsche übertragen von Guido Meister. Reinbek bei Hamburg: Rowohlt Verlag, 1959.

CAMUS, ALBERT *Der erste Mensch*. Reinbek bei Hamburg: Rowohlt Verlag, 1997.

CAMUS, ALBERT *Essais*. Bibliothèque de la Pléiade. Paris: Gallimard, 1965.

CAMUS, ALBERT *Der Fall*. Reinbek bei Hamburg: Rowohlt Verlag, 1968.

CAMUS, ALBERT *Fragen der Zeit*. Neuausgabe 1997. Reinbek bei Hamburg: Rowohlt Verlag, 1977.

CAMUS, ALBERT *Der Fremde*. Neuübersetzung 1994 von Uli Aumüller. Reinbek bei Hamburg: Rowohlt Verlag, 1961.

CAMUS, ALBERT *Die Gerechten. in: Dramen*. Ins Deutsche übertragen von Guido Meister. Reinbek bei Hamburg: Rowohlt Verlag, 1959.

CAMUS, ALBERT *Der glückliche Tod*. Reinbek bei Hamburg: Rowohlt Verlag, 1983.

CAMUS, ALBERT *Jonas oder der Künstler bei der Arbeit*. Reinbek bei Hamburg: Rowohlt Verlag, 1998.

CAMUS, ALBERT *Kleine Prosa*. Neuausgabe 1997. Reinbek bei Hamburg: Rowohlt Verlag, 1961.

CAMUS, ALBERT *Literarische Essays*. Reinbek bei Hamburg: Rowohlt Verlag, 1959.

CAMUS, ALBERT *Der Mensch in der Revolte: Essays*. Reinbek bei Hamburg: Rowohlt Verlag, 1969.

CAMUS, ALBERT *Das Mißverständnis. in: Dramen*. Ins Deutsche übertragen von Guido Meister. Reinbek bei Hamburg: Rowohlt Verlag, 1959.

CAMUS, ALBERT *Der Mythos von Sisyphos: Ein Versuch über das Absurde.* Neuausgabe 1997. Reinbek bei Hamburg: Rowohlt Verlag, 1959.

CAMUS, ALBERT *Die Pest*. Reinbek bei Hamburg: Rowohlt Verlag, 1950.

CAMUS, ALBERT *Tagebuch März 1951 - Dezember 1959*. Neuausgabe 1997. Reinbek bei Hamburg: Rowohlt Verlag, 1993.

CAMUS, ALBERT *Tagebücher 1935 – 1951*. Neuausgabe 1997. Reinbek bei Hamburg: Rowohlt Verlag, 1972.

CAMUS, ALBERT *Théâtre, Récits, Nouvelles*. Bibliothèque de la Pléiade. Paris: Gallimard, 1962.

Weitere Quellen:

ALONI, NIMROD *Beyond Nihilism: Nietzsche's Healing and Edifying Philosophy*. Lanham; New York; London: University Press of America, 1991.

AMIOT, ANNE-MARIE / MATTEI, JEAN- FRANCOIS (Hrsg.) *Albert Camus et la philosophie*. Paris: Presses Universitaires de la France, 1997.

ARISTOTELES *Nikomachische Ethik.* Auf der Grundlage der Übersetzung von Eugen Rolfus hrsg. von Günther Bien. Tübingen: Francke, 1992.

Balmer, Hans-Peter *Moralistische Ethik.* in: *Geschichte der neueren Ethik.* Hrsg. Annemarie Pieper Tübingen: Francke Verlag, 1992.

Barilier, Laurent *Albert Camus: Philosophie et Littérature.* Lausanne: Editions l'Age d'Homme, 1977.

Bartlett, Elizabeth Ann *Beyond Either/Or: Justice and Care in the Ethics of Albert Camus.* in: *Explorations in Feminist Ethics: theory and practice.* ed. Eve Browning Cole and Susan Coultrap-McQuin. ohne Ort: Indiana University Press, 1992.

Brée, Germaine *Albert Camus: Gestalt und Werk.* Reinbek bei Hamburg: Rowohlt Verlag, 1960.

Chatterji, Ruby *Existentialist Approach to Modern American Drama.* in: *The Idea of the Absurd in the American Drama of the Sixties.* Hrsg. Adam Janiszewski. Lublin: Wydawn. Uniwersytetu Marii Curie-Sklodowskiej, 1996.

Cioran, Emile M. *Lehre vom Zerfall.* Stuttgart: Klett-Cotta, 1987.

Cruickshank, John *Albert Camus and the Literature of Revolt.* Reprinted by Westport, Connecticut: Greenwood Press, 1978. London, New York: Oxford University Press, 1959 .

Cryle, Peter *bilan critique: L'Exil et le Royaume d'Albert Camus: essai d'analyse.* Paris: Lettres Modernes Minard, 1973.

Dier, Oliver *Die Lehre des Absurden: Eine Untersuchung der Philosophie Nietzsches am Leitfaden des Absurden.* Würzburg: Königshausen und Neumann, 1998.

Dostojewskij, Fjodor M. *Die Dämonen.* München: Deutscher Taschenbuch Verlag, 1977. 10. Auflage 1991.

Dramm, Sabine *Dietrich Bonhoeffer und Albert Camus: Existenz – Erkenntnis – Ethik: Eine komparatistische Studie als Beitrag zur Toleranzerziehung.* Bonn: Dissertation, 1997.

Dubois, Lionel (Hrsg.) *Les trois guerres d'Albert Camus: actes du Colloque International de Poitiers 4-5-6 mai 1995.* Poitiers: Les Editions Du Pont-Neuf, 1995.

EAST, BERNHARD *Albert Camus: ou l'homme à la recherche d'une morale.* Paris: Les Editions du Cerf, 1984. Montréal: Editions Bellarmin, 1984.

ESPIAU DE LA MAËSTRE, ANDRÉ *Der Sinn und das Absurde: Malraux-Camus-Sartre-Claudel-Péguy.* Salzburg: Otto Müller Verlag, 1961.

ESSLIN, MARTIN *Das Theater des Absurden: Von Beckett bis Pinter.* Reinbek bei Hamburg: Rowohlt Verlag, 1965.

FLEISCHER, MARGOT *Zwei Absurde: Camus' Caligula und Der Fremde: Eine Interpretation.* Würzburg: Königshausen und Neumann, 1998.

GAY-CROSIER, RAYMOND *Camus.* Darmstadt: Wissenschaftliche Buchgesellschaft Darmstadt, 1976.

GRENIER, ROGER *Albert Camus soleil et ombre: Une biographie intellectuelle.* Paris: Gallimard, 1987.

GRIMM, GEORG *Geschichte der Philosophie in Text und Darstellung: 19.Jahrhundert.* Hamburg: Reclam Verlag, 1985.

HANNA, THOMAS *The Thought and Art of Albert Camus.* Chicago: Henry Regnery Company, 1958.

HENGELBROCK, JÜRGEN *Albert Camus:Ursprünglichkeit und Krisis des Denkens.* Freiburg, München: Karl Alber Verlag, 1982.

HÖFFE, OTFRIED (Hrsg.) *Lexikon der Ethik.* 5., neubearbeitete und erweiterte Auflage. München: C. H. Beck Verlag, 1997.

HOURDIN, GEORGES *Camus le Juste.* Paris: Les Editions du Cerf, 1962.

JANISZEWSKI, ADAM *The Idea of the Absurd in the American Drama of the Sixties.* Lublin: Universität Marie Curie, 1996.

KAMPITS, PETER *Der Mythos vom Menschen: zum Atheismus und Humanismus Albert Camus'.* Salzburg: Otto Müller Verlag, 1968.

KLEHR, FRANZ JOSEF / SCHLETTE, HEINZ ROBERT (Hrsg.) *Der Camus der fünfziger Jahre.* Stuttgart: Akademie der Diözese Rottenburg-Stuttgart, 1997.

KOPF, ALBERT *Der Weg des Nihilismus von Friedrich Nietzsche bis zur Atombombe*. München: Minerva-Publikationen, 1988.

KUTSCHERA, FRANZ VON *Grundlagen der Ethik*. Berlin, New York: Walter de Gruyter, 1982.

LAPAIRE, PIERRE J. *Meurtre et Révolte: Problème de limites chez Camus*. in: The Language Quarterly XXIV/1-2, 1987.

LAUBLE, MICHAEL *Der unbekannte Camus: Zur Aktualität seines Denkens*. Düsseldorf: Patmos Verlag, 1979.

LAUBLE, MICHAEL *Sinnverlangen und Welterfahrung: Albert Camus' Philosophie der Endlichkeit*. Düsseldorf: Patmos Verlag, 1984.

LÉVI-VALENSI , JAQUELINE *La peste d'Albert Camus*. Paris: Editions Gallimard, 1991.

LOTTMAN, HERBERT R. *Camus: Eine Biographie* Hamburg: Hoffmann und Campe, 1986.

MAILHOT, LAURENT *Albert Camus: ou l'imagination du désert*. Montréal: Les Presses De L'Université De Montréal, 1973.

MAIRHOFER, ELISABETH *Das Absurde und die Würde des Menschen: Albert Camus' Denken im rechtsphilosophischen Zusammenhang*. Innsbruck: Institut für Sprachwissenschaft (Innsbrucker Beiträge zur Kulturwissenschaft), 1999.

MARIN, LOU *Ursprung der Revolte: Albert Camus und der Anarchismus*. Heidelberg: Verlag Graswurzelrevolution, 1998.

MIETH, DIETMAR *Moral und Erfahrung: Beiträge zur theologisch-ethischen Hermeneutik*. Freiburg/Wien, 1977.

MONASTERIO, XAVIER *Camus and the Problem of Violence*. in: The New Scholasticism 44, 1970.

NEUDECK, RUPERT *Die politische Ethik bei Jean-Paul Sartre und Albert Camus*. Bonn: Bouvier Verlag, 1975.

NIETZSCHE, FRIEDRICH *Kritische Gesamtausgabe*. Hrsg. Giorgio Colli und Mazzino Montinari. Berlin: Walter de Gruyter, 1970.

PASCAL, BLAISE *Gedanken*. Stuttgart: Reclam Verlag, 1997.

PECHTL, JOSEF *Kraft und Güte: Albert Camus' Spannungsdenken als seine Antwort auf die Herausforderungen des Nihilismus.* Münster: LIT, 1998. (Studien der Moraltheologie; Band 7)

PIEPER, ANNEMARIE (Hrsg.) *Die Gegenwart des Absurden. Studien zu Albert Camus.* Tübingen: Francke, 1994.

PIEPER, ANNEMARIE (Hrsg.) Geschichte der neueren Ethik. Tübingen: Francke, 1992.

PIEPER, ANNEMARIE *Ethik und Moral: Eine Einführung in die praktische Philosophie.* München: C. H. Beck Verlag, 1985.

PIEPER, ANNEMARIE *Albert Camus.* München: C. H. Beck Verlag, 1984.

POLLMANN, LEO *Sartre und Camus: Literatur der Existenz.* Stuttgart: W. Kohlhammer Verlag, 1967.

QUILLIOT, ROGER *La Mer et les Prisons: Essai sur Albert Camus.* Paris: Gallimard, 1956.

RATH, MATTHIAS *Albert Camus: Absurdität und Revolte: Eine Einführung in sein Werk und die deutsche Rezeption.* Frankfurt am Main: Haag + Herchen Verlag, 1984.

RITTER, JOACHIM *Historisches Wörterbuch der Philosophie.* Basel, Stuttgart: Schwaben und Co. Verlag, 1971.

RORTY, RICHARD *Objectivity, Relativism and Truth: philosophical papers I.* Cambridge, New York, Melbourne: Cambridge University Press, 1991.

RORTY, RICHARD *Truth and progress: philosophical papers III.* Cambridge, New York, Melbourne: Cambridge University Press, 1998.

SALBEI, SANDRA K. *Camus: Der Prophet, dem keiner glaubte.* München: C. H. Beck Verlag, 1998.

SAROCCHI, JEAN *Le Dernier Camus ou Le Premier Homme.* Paris: Librairie A.-G. Nizet, 1995.

Sartre, Jean-Paul *Das Sein und das Nichts: Versuch einer phänomeno logischen Ontologie.* Neuübersetzung 1991 von Hans Schöneberg und Traugott König. Reinbek bei Hamburg: Rowohlt Verlag, 1968.

Sartre, Jean-Paul *Porträts und Perspektiven.* Reinbek bei Hamburg: Rowohlt Verlag, 1968.

Sartre, Jean-Paul *Der Ekel.* Reinbek bei Hamburg: Rowohlt Verlag, 1952.

Savelsberg Heinrich Egon *Das Absurde als Spiel und Revolte in A. C.'s "Le Mythe de Sisyphe"*. München: W. & I. M. Salzer, 1966.

Schaper, Susanne *Ironie und Absurdität als philosophische Standpunkte.* Würzburg: Königshausen und Neumann, 1994.

Schaub, Karin *Albert Camus und der Tod.* Zürich: EVZ-Verlag, 1968.

Schlette, Heinz Robert *Der Sinn der Geschichte von Morgen: Albert Camus' Hoffnung.* Frankfurt am Main: Verlag Josef Knecht, 1995.

Schlette, Heinz Robert / Yadel, Martina *Albert Camus: L'Homme Révolté.* Essen: Verlag Die Blaue Eule, 1987.

Schlette, Heinz Robert *Albert Camus: Welt und Revolte.* Freiburg, München: Verlag Karl Alber, 1980.

Schlette, Robert (Hrsg.) *Wege der deutschen Camus-Rezeption.* Darmstadt: Wissenschaftliche Buchgesellschaft, 1975.

Smets, Paul-F. (Hrsg.) *Albert Camus: Textes réunis par Paul-F. Smets à l'occasion du 25e anniversaire de mort de l'écrivain.* Brüssel: Editions de L'Université de Bruxelles, 1985. StGB vom 15. Mai 1871 in der Fassung der Bekanntmachung vom 10. März 1987, zuletzt geändert durch Sechstes Gesetz zur Reform des Strafrechts vom 26. Januar 1998.

Stott, Laurence J. *The Absurd Teacher.* in: *Essays in Philosophy and Education.* Lanham, New York, London: University Press of America, 1988.

STUBY, GERHARD *Recht und Solidarität im Denken von Albert Camus.* Frankfurt am Main: Vittorio Klostermann, 1965.

THODY, PHILIP *Albert Camus.* Frankfurt am Main, Bonn: Athenäum Verlag, 1964.

TODD, OLIVIER *Albert Camus. Ein Leben.* Reinbek bei Hamburg: Rowohlt Verlag, 1999.

TÖLLNER, UWE *Sartres Ontologie und die Frage einer Ethik: zur Vereinbarkeit einer normativen Ethik und/oder Metaethik mit der Ontologie von L'être et le néant.* New York, Bern, Frankfurt am Main: Lang, 1996.

VASIL, DEAN *The Ethical Pragmatism of Albert Camus: Two Studies in the History of Ideas.* New York, Bern, Frankfurt am Main: Lang, 1985.

WELSEN, PETER *Ethik.* Freiburg, München: Verlag Karl Alber, 1999.

WERNICKE, HORST *Albert Camus: Aufklärer – Skeptiker – Sozialist: Essay über einen Entwurf vom brüderlichen Menschen.* Hildesheim, Zürich, New York: Georg Olms Verlag, 1984.

WALKER, DAVID H. *Albert Camus:Les Extremes et L'Equilibre: Actes du Colloque de Keele, 25-27 Mars 1993.* Amsterdam: Editions Rodopi B. V., 1994.

XIFEL, ÄNEAS *Freiheit: Eine unbeachtetes Moment in Camus' Denken.* Reinbek bei Hamburg: Rowohlt Verlag, 1996.

ZIMMER, ROBERT *Die europäischen Moralisten.* Hamburg: Junius Verlag, 1999.

Zeitfracht Medien GmbH
Ferdinand-Jühlke-Straße 7
99095 Erfurt, Deutschland
produktsicherheit@kolibri360.de